지금 이 길이
내 길인지 묻는
그대에게

Steh auf und nimm dein Leben in die Hand.
Kurskorrektur für Anfänger und Fortgeschrittene.
by Diana Dreeßen

내 인생의 경로 변경을 위한 결정적인 시간

지금 이 길이
내 길인지 묻는
그대에게

디아나 드레센 지음 | 장혜경 옮김

갈매나무

목차

시작하기 전에 – 어느 순간 내 삶이 행복하지 않다는 생각이 든다면 _8

굳이 처음부터 새로 시작할 필요는 없다

나는 언제 가장 행복한가 _14

인생의 방향 전환이 필요한 순간 _17

변화가 나에게 가져다줄 이익은 무엇인가 _21

나를 둘러싼 '나쁜 것'과 작별하는 연습 _26

걱정에 지지 않고 새 방향을 찾는 습관 _30

나는 행운의 여신이 눈길을 주는 사람인가 _36

이 길로 갈까, 아니면 저 길로 갈까 _40

예상과 다르다고 틀린 것은 아니다 _44

방향과 경로를 많이 바꿀수록 더 강해진다 _49

아직 때가 아니라는 마음의 소리에 대하여 _53

완벽주의의 망상을 다루는 법 _57

좀 더 생각해볼 것들 행복이란 무엇인가 _62

2 꿈을 잃어버렸다면 어떻게 할까?

당신이 지금처럼 사는 이유 _68

나를 사랑하는 것이 시작이다 _73

마음속에 숨어 있는 꿈을 불러내는 시간 _77

자신의 꿈을 꾸는 사람, 타인의 꿈을 꾸는 사람 _81

꿈을 찾은 사람들의 공통점 _85

모든 게 다 끝났다고 느껴질 때 기억해야 할 한 가지 _88

변화가 너무 큰일은 아니다 _93

인생의 변화를 모색할 때 내 편으로 만들어야 하는 것 _96

내가 망설이고 주저하는 진짜 이유는 무엇인가 _101

꿈을 혼자 간직해야 할 때가 있다 _104

꿈을 이루면 어떻게 될지 그려보라 _107

꿈을 현실의 삶으로 데려오는 방법 _110

좀 더 생각해볼 것들 내 안에 숨어 있는 꿈을 되찾기 위한 4단계 _116

3 마음을 행동으로 옮기는 힘

처음부터 다시 시작하고 싶은 충동을 느낀다면 _122

이대로 놔두면 안 되는 것들이 있다 _126

당신은 적어도 20가지 재능이 있다 _129

지금까지 걷던 길을 미련 없이 포기하는 용기 _137

가끔은 자신에게 조금 관대해도 좋다 _142

어떤 실수도 용서할 수 없다는 것은 미친 생각이다 _146

집요하게 내 발목을 잡는 무의식의 메커니즘 _151

"그건 그렇지만……"이란 말이 왜 위험한가 _155

안 되는 것은 안 되는 것이다 _159

장벽이 나타날 때마다 해야 할 말 _163

포기하지 않는 '연습'이 필요하다 _169

묵묵히 일만 하는 사람들이 빠지는 함정 _172

좀 더 생각해볼 것들 장애물을 뛰어넘는 연습 _177

4 마침내 원하는 인생으로 찾아가는 10가지 행동 강령

모든 것이 시작되는 마법의 지도를 그려라 _182

오른쪽이 막혔으면 왼쪽으로 가라 _185

예상치 못한 선물을 받을 준비가 되었는가 _188

나쁜 것을 좋은 것으로 바꾸는 것이 기본이다 _190

나를 힘들게 하는 사람들과 거리를 두라 _193

연인을 바라보듯 나의 미래를 바라보라 _196

절대로 남에게 넘겨서는 안 되는 것을 놓치지 마라 _199

겸손보다 더 필요한 것은 자존감이다 _203

'우연히' 찾아오는 진짜 기회를 알아차리는 능력 _206

누구든 나의 스승이 되고 나는 누군가의 롤모델이 된다 _209

좀 더 생각해볼 것들 원하는 대로 사는 연습을 하라 _212

5 지금 이 길이 내 길인지 묻는 그대에게

우리의 인생은 꿈이 기다리는 곳으로 나아간다 _216

'언젠가'는 오지 않는다 _220

삶은 예상치 못한 순간에 좋은 방향으로 급선회한다 _223

끝에서부터 생각하고 계획하는 것이 좋은 이유 _228

남보다 서두른다고 더 행복해지는 건 아니다 _231

내 인생 최고의 시간은 아직 오지 않았다 _235

좀 더 생각해볼 것들 걱정 없이 내 길을 가기 전에 _239

어느 순간 내 삶이
행복하지 않다는 생각이 든다면

만약에 운명의 여신이 나타나 당신의 인생을 지금과 완전히 다른 방향으로 데려간다면 어떻게 될까? 아마 다들 한 번쯤 그런 생각을 해보았을 것이다. 어느 날 문득 헤드헌터가 당신에게 전화를 걸어 지금 회사보다 당신의 재능을 더 높이 사줄 회사가 기다리고 있으니 서둘러 옮기라고 설득한다면? 회사 동료의 생일 파티에 갔다가 지적이고 잘생겼으며 건장한 데다 돈까지 많은 남자를 만난다면? 그 남자가 당신에게 홀딱 반해서 결혼을 하자고 조른다면? 물론 이 나이 정도 되면 그런 건 동화책에나 나올 법한 이야기란 걸 잘 알지만, 만약에 말이다. 만약에…….

어쨌든 좋다. 정말 만약에라도 그런 일이 생긴다면 당신은 이 황금 같은 시간을 짠돌이 사장과 권위적인 아버지, 잔소리꾼 엄마, 이

기적인 파트너를 욕하며 보내지 않아도 될 것이다. 만족스럽지 못한 현 상황을 억지로 견디며 끙끙대지 않아도 될 것이다. 지금 당신을 괴롭히고 힘들게 하는, 당신에게 행복을 주지 못하는 모든 것과 여유 있게 작별을 고하고 새로운 인생을 시작할 수 있을 것이다.

▼▼▼▼

그러나 과연 그 지점이 어디일까? 지금의 인생에 손 흔들어 작별을 고할 시점은 언제일까? 어떤 모습의 작별이어야 할까? 서서히 조금씩 시작해야 할까? 단칼에 무 자르듯 뒤도 안 보고 다른 길로 달려가야 할까? 매사 짜증만 부리는 여자친구는 어떻게 하는 것이 좋을까? 너랑 헤어지고 싶다는 뜻을 넌지시 비치면서 서서히 준비시켜야 할까? 고민하고 말 것도 없이 내일 당장 헤어지자고 말할까?

금요일 오후 "정말로 급하다"며 산더미 같은 서류를 당신의 책상에 던지는 상사에게는 어떻게 해야 할까? 약속이 있어서 주말에는 안 되겠으니 월요일에 와서 처리하겠노라고 좋은 말로 넘어갈까? 아니면 이참에 평소 하고 싶었던 말을 다 해버릴까? 온 집 안을 엉망으로 만드는 남편한테는 어떻게 행동해야 할까? 일일이 따라다니며 벗어놓은 양말은 세탁기에 넣고, 자고 몸만 빠져나온 침대는 묵묵히 정리해주어야 할까? 도저히 이렇게는 못 살겠다고 최후통첩을 날려야 할까? 질문과 질문이 꼬리를 물고 이어진다.

자, 내가 앞에서 예로 든 사건들이 당신에게 얼마나 친근하게 느껴지는지 한번 곰곰이 생각해보라. 이 모든 불행과 괴로움이 중요한 인생의 전환점을 놓치는 바람에 생긴 것은 아닐까? 짜증을 부리는 여자친구는 어쩌면 당신의 짜증을 되비쳐주는 거울이 아닐까? 당신을 배려하지 않는 상사의 행동은 새 일자리를 찾아야 할 때가 되었다는 신호가 아닐까?

이 책을 통해 나는 삶이 더 이상 행복하지 않은 당신에게 박차고 일어나 변화를 꾀할 용기를 주고자 한다. 만족스럽지 않은 분야가 하나둘이 아니라면 어디서부터 다시 시작해야 할지가 더더욱 중요한 포인트이다.

▼▼▼▼

너무 겁먹지는 마라. 꼭 죽기 살기로 사력을 다해야 하는 건 아니다. 때로는 풀어진 나사를 잘 찾아 살짝 돌려주기만 해도 된다. 못 믿겠다고? 기다려보라. 어떻게 하면 인생을 멋지게 바꿀 수 있는지 보여줄 테니까. 우리 함께 당신의 잃어버린 꿈을 되찾아 그것을 실현 가능한 목표로 만들어보자. 더불어 내가 만난 고객들과의 사례들을 통해 경로 변경의 길에 어떤 장애물이 있을 수 있는지, 왜 그런지, 어떻게 장애물을 넘을 수 있는지도 구체적으로 알려주려 한다. 또한 모든 경로 변경의 기본 장비라 할 10가지 기본 지침도 소개할 것이다. 그 기본 지침만 있으면 누구나 수월하게 변화의 길로 나설 수 있을 것이다.

이제 이 책을 통해 변화의 과정에서 많은 즐거움과 행복을 느끼며, 아직 인생 최고의 순간이 당신을 기다리고 있다는 사실을 깨닫게 될 것이다. 일단 방법을 익히고 나면 앞으로는 언제든지 크고 작은 변화를 혼자서도 과감히 실행할 수 있다. 모험에 몸을 맡겨보라. 결코 헛되지 않을 것이다.

-- ❖ --

남들이 보면 도저히 참을 수 없는 상황인데도 그냥 묵묵히 견디는 사람들이 의외로 많다. 인간
의 변화 속도는 그토록 더디고 느리다. '20년 동안 살았는데 이제 와서 새삼스레 이혼을 하겠
어? 애들도 있고 모아놓은 돈도 없는데'. '입사한 지 얼마나 되었다고 사표를 던지겠어? 요즘
같은 세상에 취직하기가 얼마나 힘든데⋯⋯.' 어떤 메커니즘이 작동하기에 우리는 이토록 '나쁜
것'과 작별하기가 힘든 것일까? 참고 기다리면 좋은 날이 올 것이라는 아득한 희망? 쓰레기차
피하다 똥차 만난다고 괜히 촐싹거리다 더 악수를 둘 수도 있다는 두려움? 어차피 내 팔자가 그
렇지 체념하는 운명론?
모든 문제엔 답이 있다. 그저 눈을 크게 뜨고 열심히 바라보면 된다. 혹은 열심히 느끼면 된다.
열심히 귀 기울이고 열심히 느끼다 보면 스스로 깨닫게 될 것이다. 경로 변경이, 방향 전환이 더
이상 미룰 수 없는 시급한 현안이라는 것을.

굳이 처음부터
새로 시작할
필요는 없다

나는 언제 가장 행복한가

우리나라나 외국이나 서점마다 행복을 주제로 삼은 책과 잡지들이 그득하다. 재미난 에세이부터 불교의 지혜를 전해주는 명상집, 심리 서적, 종교 서적, 철학 서적, 각종 실용서까지 우리에게 행복해지는 방법을 알려주려 한다. 과연 그 행복이란 무엇일까? 지금 나는 행복한지, 어떻게 하면 행복해질 수 있는지 판단할 기준은 무엇일까?

행복의 기준은 우리에게 무엇이 중요한가 하는 문제와 밀접한 관련이 있다. 사람마다 중요하다고 생각하는 것이 제각기 다르기 때문이다. 심각한 병에 걸려 병원에 입원한 사람에게는 하루 빨리 건강을 회복하는 일이 가장 중요할 것이다. 아내가 친구와 바람이 난 사람에게는 여자에 대한 믿음을 잃지 않는 것이 무엇보다 중요할 것이다. 그래야 아픔을 딛고 새로운 사랑을 찾아 다시 행복한 사랑을 나눌 수 있을 테니 말이다. 20년 동안 생산 관리자로 최선을 다하며 일했던 중견 사원이라면 무시무시한 해고의 칼바람을 무사히 비켜가는 것이 최대 관심사일 것이다. 어떤 이는 몸도 건강하고 직장도 완벽해서 사랑스러운 여자친구만 있으면 더 바랄 것이 없을 테지만, 또 어떤 이는 여자친구는 있지만 직장을 못 구해 안달을 한다.

당신에게는 무엇이 중요한가? 당신은 언제 행복하다고 느끼나? 이 두 가지 질문은 떼려야 뗄 수 없는 관계이다. 당신의 세계에선 행복이 어떤 느낌일까? 아주 쉽게 행복하다는 느낌이 드는 때가 있는가? 반대로 행복은커녕 매사가 불만스럽기 그지없을 때는 언제인가? 이 흔하고도 수줍은 행복감이 도무지 고개를 내밀지 않는 그런 순간 말이다.

내 인생과 하나가 되었다는 느낌

직장인을 대상으로 자기계발을 위한 워크숍을 진행할 때였다. 언제 행복한지를 묻는 나의 질문에 참가자들은 이렇게 대답했다.

• 가족이 다 건강하고 편안할 때 행복해요.

- 직장에서 인정받을 때 행복해요.

- 내 몸이 건강할 때 행복해요.

- 원하는 대로 일이 척척 풀릴 때 행복해요.

- 천성적으로 나는 행복한 사람이에요.

- 책 읽고 그림 그리고 요리할 때 행복해요.

- 운동할 때 가장 행복해요.

- 쇼핑할 때 행복해요.

- 골프 칠 때 공이 잘 맞으면 행복해요.

- 친구랑 집 주변을 산책할 때 행복해요.

- 멀리 여행을 갈 때가 제일 행복해요.

당연히 이 모든 것이 행복이라는 요리에 맛을 돋우는 양념이다. 그런데 뭔가 이상하다. 이렇게 대답하는 사람이 거의 없다. "내가 나라서, 나라는 것을 아무에게도 증명할 필요가 없어서 행복해요." 나 자신과의 일체감, 내 인생과 하나가 되었다는 느낌은 행복의 본질이다. 무조건적으로 나를 사랑해주는 사람들, 나의 일부가 되고 나의 추동력이 되어주는 사람들, 나만의 세상에 의미를 부여하는 사람들, 이들과 하나가 되어야 한다. 이런 본질에서 진짜, 진정한 행복이 나온다. 하지만 안타깝게도 많은 사람들이 행복을 자신의 바깥에서 찾는다.

인생의 방향 전환이 필요한 순간

몇 주 전 기업자문 전문가인 마틴이 나의 사무실을 찾아왔다. 이제 막 50대가 된 그는 자타가 공인하는 성공한 인생을 살고 있다. 아름답고 지적인 아내와의 사이에서 깜찍한 아이를 두 명이나 낳았고 근교의 꿈같은 빌라에 산다. 이뿐만 아니다. 업계에서 알아주는 인재로도 손꼽힌다. 그런데 그는 행복하지 않다고 말했다. 행복한 가정을 이루고 물질적 성공을 얻었지만 가끔 전부 그만두고 싶다는 유혹을 느낄 만큼 마음이 고달프다고 했다.

스스로 정한 목표를 향해 열심히 달려오는 동안 마틴은 무엇을 빠트린 것일까? 청소년 시절 목공예를 배워 자기만의 작품을 만들고 싶었던 꿈을 포기하지 말아야 했을까? 좋은 직장을 구해 돈을 벌어야 가족을 부양할 수 있다던 아버지의 충고를 너무 쉽게 받아들였던 것일까? 경영학과를 선택한 것이 너무 이성적인 판단이었을까? 마틴은 회사에 출근해서도 인생의 의미를 고민했다. 하지만 아무리 머리를 쥐어짜도 자신이 왜 사는지, 무엇 때문에 이렇게 열심히 사는지 막막하기만 했다.

마틴의 고민을 듣다 보니 그의 인생에도 변화가 필요하다는 생각이 들었다. 오랜 대화 끝에 우리는 그가 혼자서만 지낼 수 있는 시간과 장소가 필요하다는 결론을 내렸다. 오롯이 자신을 위해 '예약한' 시간 동안에는 직장도 가족도 사회적 의무도 그를 방해할 수 없었다. 그냥 그가 하고 싶은 것을 할 수 있었다. 정말 재미있는 일, 정말 즐거운 일을 하면 되었다. 그러나 마틴은 그런 작은 경로 변경으로 만족할 사람이 아니었다. 이미 습관이 된 과거의 생활 방식으로 되돌아가지 않으려면 더 많은 변화가 필요했다.

그는 아내와 의논하여 스페인의 마요르카로 이사를 가기로 결정했다. 젊은 시절 그 섬에 갔다가 홀딱 반한 이후로 휴가 때마다 그곳을 찾았고, 매번 세상 어디서도 맛볼 수 없는 행복을 느꼈다. 지금이 아니라면 언제 그런 결단을 내릴 수 있겠는가? 사업 파트너와도 의논해서 앞으로는 한 달에 2주만 일을 하기로 했다. 2주는 독일에서 일을 하고 나머지 2주는 마요르카로 가서 가족과 지내며 행복을 찾는 일을 하기로 결정한 것이다. 머지않아 그의 작은 공방에서 탄생한 작품을 감상할 수 있는 날이 오기를 나는 기대한다.

누가 나의 인생관을 바꿔놓았을까?

물론 마틴처럼 새로운 인생 모델을 서슴없이 실행에 옮길 수
있는 사람은 많지 않다. 하지만 다른 인생 모델로 나름의 행복을 찾
은 사람은 많다. 내 고객 라리사도 그중 하나다. 그녀는 얼마 전 무
려 25년 동안이나 일했던 은행에 사표를 던졌다. 그동안 스카우트
제의도 없지 않았지만 그녀는 이 은행을 자기 몸처럼 사랑했고 은행
을 위해 정말로 열심히 일했다. 그런데 몇 달 전 사건이 터졌다. 은
행 책임자들의 잘못된 결정으로 큰 소란이 일어난 것이다. 고객들이
몰려와 항의를 했고 부하 직원들도 하나둘 병가를 내고 잠적했다.

라리사도 결국 울며 겨자 먹기로 회사를 떠나기로 결정했다. 다행
히 그동안 모아놓은 돈이 적지 않았기에 제법 오랜 시간 하고 싶은
일을 하며 지냈다. 친구들과 여행을 가고 운동도 하고 외국어도 배
웠다. 하고 싶은 일을 하며 사람들과 어울리다 보니 자기도 모르는
사이 행복감과 자존감이 다시 예전처럼 차올랐다. 그러던 어느 날
예전 상사가 그녀에게 한 가지 제안을 했다. 그가 이번에 창업을 했
는데 자기 회사로 와서 일을 도와달라는 부탁이었다. 라리사는 정말
행복했다. 혹시 그녀가 오로지 자신의 행복을 위한 일만 했기
때문에 저절로 운이 찾아온 것은 아닐까?

당신은 지금 어떤 모습인가? 무엇이 자신에게 행복을 주는지 벌
써 알아챘는가? 변화를 주어야 할 분야가 무엇인지 확신이 드는가?

아니면 돌 섞인 밥을 먹듯 뭔가 걸리적대지만 아직 그게 뭔지 정체를 모르겠는가? 후자라면 잠시라도 시간과 마음을 내서 지금까지의 인생을 돌아보자. 지금껏 살면서 마음이 날아갈 듯 가벼웠던 순간이 있었던가? 어떤 상황에서 하늘을 날 듯 마음이 가벼웠나? 그동안 당신은 인생을 어떻게 바라보았는가? 한번 떠올려보자. 살아오는 동안 그 마음이 변했을까? 그랬다면 왜? 누가, 무엇이 당신의 인생관을 바꿔놓았을까?

자, 그렇다면 이제 본격적으로 시작해보자. 당신의 인생에서 경로 변경이, 방향 전환이 필요한 시간이라는 것을 어떻게, 무엇을 보고 알 수 있을까?

변화가 나에게 가져다줄
이익은 무엇인가

　당신이 지금 이 순간 처한 상황을 바라보라. 이에 따라 얼마나 빨리 방향을 전환해야 하는지가 결정된다. 가령 당신의 인생 계획을 엉망으로 만드는 사건이 터졌다면 지체할 시간이 없다. 서둘러 해결책을 찾아야 한다. 그럴 땐 원하건, 원치 않건 아주 빨리 반응해야 한다. 물론 세상만사가 말처럼 쉽지는 않다. 사건이 심각하고 충격적일수록 우리의 몸과 마음은 더 단단히 굳어버린다. 그래서 많은 사람들이 그런 상황에서 완전히 무계획적으로 행동한다. 그저 뭔가를 해야 한다는 강박관념에 사로잡혀 전혀 생산적이지 않은 행동을 저지르는 것이다.

　얼마 전 남편과 나는 이런 일을 겪었다. 하필 날도 추운 12월이었다. 외국에 사는 집주인이 갑자기 전화를 하더니 "너무너무 미안하지만" 최대한 빨리 집을 비워달라고 요청했다. 불과 두 달 전 계약할 당시만 해도 주인은 자기 아내도 동석한 자리에서 두 번 다시 독일로 돌아오지 않을 거라고 장담했다. 그런데 갑자기 직장 문제가 생겨 돌아올 수밖에 없게 되자 우리를 집에서 내쫓는 것 말고는 달리 대안이 떠오르지 않는 모양이었다. 남편은 주인에게 전화를 걸어 잠시 다른 거처를 구하고 직장을 잡은 후에 다시 고민해보면 어떻겠냐고 설득했지만 막무가내였다. 꼭 자기 집으로 들어와야겠다는 것이었다. 어쩔 수 없었다. 그러나 때는 크리스마스 시즌이었다. 이런 정신없는 연말연시에 어디서 집을 구한단 말인가?

우리는 각종 부동산 사이트에 접속해보고, 중개업소에도 문의하고, 지인과 친구들에게도 혹시 주변에 빈집이 나거든 즉각 알려달라며 사정했다. 어찌어찌하여 2주 후에 적당한 물건을 찾았다. 마음에 들고 말고를 따질 계제가 아니었다. 비를 피할 지붕만 있어도 감지덕지한 처지였으니까. 어쨌든 평소 우리 부부의 만사 다 잘될 것이라는 낙관론 덕분에 이번에도 일이 잘 풀린 것이라고 믿었다.

지금 돌아보면 우리가 집을 바꾼 것이 아니었다. 새집이, 정확히 말해 새로운 인생의 방향이 우리를 찾아온 것이었다. 물론 우리는 이사를 할 계획이 추호도 없었다. 예전 그 집이 우리가 꿈꾸던 집이었던 것은 아니었지만, 이사를 하지 않고 그 집에 계속 살았더라면 어떻게 되었을지 모를 일이었다. 다만 지금에 와서 확신 있게 말할 수 있는 것은 그때 그 소동 덕분에 전혀 몰랐던 삶의 분야를 배웠다는 사실이다. 이제 우리 부부는 집이나 부동산을 장만할 때 어떻게 해야 하는지 잘 안다. 그 사건으로 어느 정도 감을 잡은 덕분이다. 그때 우리가 선택했던 집은 임시방편이었지만 그 집 덕분에 우리는 새로운 방향으로 나아가는 길을 배웠다.

변화의 시간이 도래했다는 크고 작은 신호들

컨설팅과 워크숍을 하다 보면 이런 일을 정말 자주 겪는다. 한 여성이 회사에 불만이 많다고 털어놓는다. 여태 회사가 어려울 때마다 누구보다 앞서 발 벗고 나섰지만 회사는 그녀의 능력을 인정해주지 않고 승진도 미룬다. 그런데 얼마 전 경쟁사에서 스카우트 제의를 받았다. 직급도 더 높고 월급도 50만 원 더 올려주겠다고 제의한다. 그럼에도 그녀는 쉽사리 결정을 내리지 못한다. 막상 회사를 옮겼는데 지금 회사 못지않게 엉망이면 어떻게 하나? 지금 회사는 어쨌든 눈 감고도 훤할 정도로 익숙한 곳이다. 누구를 건드리지 않으면 되는지, 누구만 피하면 되는지, 어떻게 하면 조용히 지낼 수 있는지 잘 안다. 고민이 길어질수록 옮겨봤자 더 나아질 것이 없겠다는 생각이 든다. 물론 아깝기는 하다. 월 50만 원이면 1년에 600만 원이다. 승진 기회도 더 클 테고…….

내가 무슨 말을 하려는지 눈치챘는가? 그렇다. 옛것을 고집할 이유는 차고 넘치지만, 바꾸어야 할 이유는 항상 그보다 더 많다. 그럼 평소엔 그럭저럭 지내다가 가끔 한 번씩 '이게 아닌데'라는 생각이 들 때는 어떻게 해야 할까? 인생의 방향을 바꾸어야 할 시점이란 것을 어떻게 알 수 있을까? 무엇을 봐야 변화를 결정할 수 있을까? 그렇다면 이렇게 막연할 때 필요한 기준을 한번 짚어보자. 기준들이 바로 내 이야기다 싶으면 진지하게 경로 변경을 고민해봐야 할 시점이라는 뜻이다.

먼저 몇 가지 전형적인 행동 방식부터 살펴보자. 괴롭히거나 비난을 하는 사람도 없는데 괜히 신경이 곤두선다. 별것 아닌 일에도 매사 예민하게 반응하며 인신공격으로 받아들인다. 최근 들어 친구들이 무슨 일 있느냐고 묻는다. 당신이 매사에 짜증을 부리고 투덜댄다고 말한다. 이유 없이 자꾸만 화가 난다. 혹은 걸핏하면 눈물 바람이다. 몸은 피곤하고 손가락 하나 까딱할 힘도 없고 도무지 의욕이라고는 없다. 무기력하고 멍해서 소파에 누워 천장만 바라본다. 그런 꼴에 화가 난 가족이 병원에 가봐야 하는 것 아니냐고 충고를 한다……. 왠지 익숙한 모습이라고? 딱 내가 그렇다고? 그렇다면 때가 되었다. 당신에겐 변화가 필요하다.

자신과 나누는 대화 역시 당신이 지금 어디에 서 있는지를 알려주는 믿을 만한 표지판이다. 자꾸 이런 소리가 귓가를 맴돈다. "너 요즘 왜 그렇게 느려졌어? 지난 세금 신고 때도 페터가 훨씬 빨리 했잖아. 페터는 아직 인턴이야, 알아? 그런데 정규직인 너보다 더 낫잖아." 또 이런 소리도 들린다. "베티 좀 봐. 날씬하고 예쁘지. 너하고는 차원이 달라. 너보다 열다섯 살이나 많은데", "아버지가 물려준 회사를 이 모양으로 만들다니. 어떻게 자산이 반 토막이 날 수가 있어? 얼마나 못났으면."

안 그래도 당신은 자신의 능력이 의심스럽다. 그런데 불난 집에 기름을 부어도 유분수지, 다른 사람들이 자꾸 지적질을 한다. 당연히 당신은 공격적으로 반응할 것이다. 짜증을 내고 화를 내고 상대를 비난할 것이다.

이 모든 것이 변화의 시간이 도래했다는 크고 작은 신호들이다. 앞에서 열거한 내용 중 두 가지만 해당되어도 진지하게 경로 변경을 고민해야 한다. 결심을 했는가? 그렇다면 이제 변화가 당신에게 가져다줄 이익을 생각해보자.

나를 둘러싼 '나쁜 것'과 작별하는 연습

인간은 습관의 동물이다. 내 삶을 손아귀에 꽉 쥐고 있다는 기분을 느끼길 원한다. 그러니 굳이 그럴 필요도 없다면 무엇하러 변화를 꾀할까? 그래 봤자 애쓴 만큼 대가가 있을까? 물론 변화를 주어 더 잘될 수도 있다. 하지만 주변을 돌아보라. 괜히 촐싹거리다가 잘못된 사람들이 수두룩한데…….

어쩔 수 없는 상황 탓에 인생의 방향을 바꿀 수밖에 없는 사람들은 많이 봤다. 갑자기 실직을 당한 사람, 주식을 해서 재산을 몽땅 날린 사람, 병으로 남은 시간이 얼마 되지 않는다는 선고를 받은 사람, 사랑하는 사람을 잃은 사람, 사고를 당해 참담한 상황에 처한 사람……. 이들에겐 서둘러 인생 경로를 바꾸는 것 말고는 다른 대안이 없기에 바꾸어서 무슨 득이 되나 따져볼 여유가 없다. 물론 이건 정말 극단적인 경우이다.

변화는 보통 서서히, 조금씩 진행된다. 먼저 이런 생각이 든다. '우리 팀 분위기가 왜 이럴까? 예전에는 이렇지 않았는데. 얼굴을 마주치면 다들 웃고 생일파티도 같이 했는데……' 팀장이 바뀌고 난 다음부터 분위기가 달라졌다. 말끝마다 '빨리빨리'를 달고 다니는 팀장 때문에 모두들 허둥지둥 정신을 못 차린다. 정보를 모을 시간도 없고, 그러다 보니 실수를 저지를까 봐 항상 노심초사다. 어쩌다 휴가라도 내려면 팀장 눈치부터 보기 바쁘다.

그나마 동료들이 좋아서 좀 참으면 나아지려니 했는데 상황은 날이 갈수록 악화된다. 팀장은 출세할 생각뿐이라 착한 동료들은 딴 팀으로 쫓아버리고 대신 능력 있는 직원들을 우리 팀으로 데려왔다. 능력은 있을지 몰라도 배려라고는 없는 자기하고 똑같은 인간들로. 그러니 팀 분위기가 어떻겠는가? 의학 공부 따로 안 해도 그런 살벌한 직장 분위기가 몸과 마음에 미치는 악영향을 모를 사람은 없다. 변화의 때가 무르익다 못해 곪아 터지려고 한다.

남들이 보면 도저히 참을 수 없는 상황인데도 그냥 묵묵히 견디는 사람들이 의외로 많다. 인간의 변화 속도는 그토록 더디고 느리다. '20년 동안 살았는데 이제 와서 새삼스레 이혼을 하겠어? 애들도 있고 모아놓은 돈도 없는데', '입사한 지 얼마나 되었다고 사표를 던지겠어? 요즘 같은 세상에 취직하기가 얼마나 힘든데……', '일을 배우

기는커녕 몇 달째 복사만 하고 있어도 감지덕지야.'

어떤 메커니즘이 작동하기에 우리는 이토록 '나쁜 것'과 작별하기가 힘든 것일까? 참고 기다리면 좋은 날이 올 것이라는 아득한 희망? 쓰레기차 피하다 똥차 만난다고 괜히 촐싹거리다 더 악수를 둘수도 있다는 두려움? 어차피 내 팔자가 그렇지 체념하는 운명론?

더 이상 미룰 수 없는 일

모든 문제엔 답이 있다. 그저 눈을 크게 뜨고 열심히 바라보면 된다. 혹은 열심히 느끼면 된다. 열심히 귀 기울이고 열심히 느끼다 보면 스스로 깨닫게 될 것이다. 경로 변경이, 방향 전환이 더 이상 미룰 수 없는 시급한 현안이라는 것을. 뭔가 느낌이 안 좋은 것, 뭔가 거슬리는 것, 마음에 부담이 되는 것은 일단 피하려 들기보다 현미경을 들이대고 더 자세히 관찰해야 한다.

원인 파악을 위해 들인 시간과 노력은 언제나 유익한 투자이다. 세상사가 대체로 그렇듯이 위장이 약간 따끔거리는 작은 증상이 시작일 수 있다. 방치하면 어느 날 길에서 쓰러져 응급실로 실려 갈 수도 있는 것이다. 왜 작은 증상도 놓치지 말고 항상 방향 전환에 신경을 써야 할까? 그것은 다음과 같은 이유 때문이다.

- 아직 움직일 여지가 있을 때 움직이는 것이 훨씬 수월하다.
- 새로운 것을 시작할 땐 살아 있다는 느낌이 든다.
- 다른 사람이 당신 인생의 지휘봉을 휘두르도록 내버려두면 안된다.
- 새롭게 출발하면 행복이 찾아온다.
- 낡은 사슬을 끊고 나면 엄청난 에너지가 솟구친다.
- 당신은 행복해야 마땅한 사람이다.

이 정도 이유면 충분하지 않은가? 다음 장에서는 어떤 방향으로 나아가야 할지를 알아내는 방법을 살펴보자.

걱정에 지지 않고 새 방향을 찾는 습관

마침내 새 인생을 살기로 굳게 마음먹고 경로 변경을 결심하였다. 이제 문제는 '어디로 가야 하는가?'이다. 당연히 각양각색의 대답이 나올 것이다.

어제 나의 고객 토비아스한테서 전화를 받았다. 그는 인터넷 회사 사장이다. 그가 갑자기 내게 지난 몇 달 동안 괴로웠다고 토로했다. 일이 예전처럼 즐겁지가 않고, 매사 주문을 받았으니 어쩔 수 없이 처리한다는 느낌이 들어 너무나 힘들다고 했다. 그런데 평소부터 추진력이라면 타의 추종을 불허하는 그가 이번에도 대형 사고를 쳤다. 별 고민 없이 회사를 팔아치운 것이다. 그는 이런 상황이니 지금부터 나와 의논해서 새 직업을 찾아볼 생각이라고 했다.

이럴 수가, 빨라도 너무 빠르다. 직업을 바꾸고 싶다는 사람들에게 나는 절대 그런 식의 성급한 결정을 권하지 않는다. 워낙 부자라서 몇십 년 돈을 안 벌어도 먹고사는 데 아무 지장이 없는 사람이라면 또 모를까. 토비아스처럼 경제적으로 넉넉지 못한 상황이라면 시베리아 같은 변화의 땅에 발을 내디디기 전에 먼저 여러 가지를 따져보아야 한다. 이게 아니다, 바꾸면 달라질 것 같다, 이런 모호한 희망만으로는 아직 너무 부족하다.

토비아스의 지갑이 얇았기에 우리는 서둘러 해결책을 찾아야 했다. 그의 모든 능력과 관심, 특성을 따져 보고, 다양한 직업군을 탐색한 끝에 우리는 그의 영업 자질과 언변을 고려하여 영업 트레이닝 분야에 도전해보기로 결론을 내렸다. 우리는 이곳저곳 여러 영업 트레이닝 회사에 문의를 했고, 그의 자질을 알아본 한 곳에서 채용 승낙을 받아냈다.

사실 그동안 그를 지켜봐온 나로서는 경로를 바꾸기로 한 그의 이런 결정이 결코 마지막은 아닐 것이라고 생각했다. 그럼에도 다음번에는 지금처럼 게릴라 전법은 쓰지 않을 것이다. 그 역시 앞으로는 조금 더 신중하게 고민하고 따져 본 후 결정을 내려야 한다는 걸 깨달았을 테니.

내 인생 최고의 결정

솔직히 말하자면 나도 그런 경험이 있다. 마흔의 나이에 20년 가까이 다니던 회사에 즉흥적으로 사표를 던졌던 때, 나에게는 정말 앞으로 뭘 해 먹고살지 아무 생각이 없었다. 오랫동안, 정확히 말해 몇 년 동안이나 나는 경로 변경의 필요성을 알리는 온갖 신호들을 외면하며 살았다. 날로 우울해지고, 아무것도 아닌 일에 벌컥 화를 내고, 무기력하고 나른했지만 그저 나이가 들어서 그러려니 했다. 그런데 어느 날 정말로 예상치 못했던 감정들이 쓰나미처럼 몰려왔다. 분노와 초조, 짜증에 숨조차 쉴 수 없었던 그 순간, 내겐 다른 도리가 없었다. 당장 사표를 쓰는 수밖에는.

다행히 당시 나의 경제적 상황은 토비아스에 비해 넉넉했다. 전 직장에서 높은 연봉을 받았던 터라 그동안 모아놓은 저축이 있었고 그 덕분에 어느 정도의 여유가 있었다. 물론 나에게 다른 직업을 구할 재능이 있기는 한지 막막했다. 그때까지도 나는 내가 할 줄 아는 것은 은행에서 증권을 사고파는 일뿐이라고 굳게 믿고 있었다. 그랬던 내가 과연 어떻게 방향을 바꾸어 새 직업을 찾았을까?

회사를 그만두고 얼마 후 우연히 신문에서 경로 변경에 관한 세미나가 열린다는 기사를 보았다. 이틀 동안 열리는 워크숍이었는데 뭔가 건질 만한 정보가 있겠다 싶어 재빨리 신청했다. 그런데 모든 과정이 끝난 후 강사가 나를 부르더니, 경영인들을 위한 자기계발 트레이너나 코치가 될 재능이 뛰어난 것 같다며 그쪽으로 준비해보라고 조언했다. 너무나 뜻밖의 제안이었다. 살면서 단 한 번도 그런 직업을 생각해본 적이 없었기 때문이다. 일단 인터넷을 뒤져 정보를 수집했다. 그리고 알면 알수록 나와 잘 맞겠다는 생각이 들었다.

나는 결국 그쪽으로 방향을 잡기로 결심하고 본격적인 훈련 과정을 신청했다. 인생의 새 방향으로 과감하게 발을 내디딘 것이다. 놀랍게도 나는 복잡한 전문 지식을 신속하게 습득했고 사직서를 던진 지 불과 여섯 달 만에 내 회사를 차렸다. 그날의 결정은 지금까지 내 인생 최고의 결정이었다.

내가 잘하는 것, 내가 좋아하는 것

어떤 방향으로 나아가야 할까? 바로 이 질문이 변화를 원하는 대부분의 사람들이 가장 넘기 힘들어하는 장애물이다. 현재는 불만스럽지만 어디로 가야 할지를 몰라 용기를 꺾고 마는 것이다. 더구나 우리 마음에는 걱정인형들이 우글거린다.

"왜 저번에 안드레아스도 그랬잖아. 여섯 달 전에 다른 회계사 사무실로 옮겼다가 금방 후회하고 다시 돌아왔다고. 얼마나 쪽팔렸겠어. 그러니까 너도 심사숙고해."

마음속 걱정인형들은 한시도 쉬지 않고 조잘거린다. 그런 근심에

쉽게 항복하지 않도록, 나아가 올바른 방향을 잘 찾을 수 있도록 이제 몇 가지 방법을 일러주려 한다.

흔히 올바른 방향은 각자의 재능과 능력, 그리고 선호하는 바에 좌우된다는 말을 많이 한다. 자기가 잘할 수 있는 일, 자기가 하고 싶은 일이 무엇인지가 인생의 방향을 결정한다는 말이다. '쳇! 그런 말은 나도 하겠다. 너무 뻔한 소리야.' 이렇게 생각할 수도 있겠지만 뻔한 소리의 가치를 폄하하지 않길 바란다. 실제로 이 뻔한 소리가 당신에게 올바른 길을 알려줄 가장 정확한 표지판이다. 성공한 사람들의 이력을 봐도 알 수 있는 사실이다.

이 모든 사람들의 성공 비결은 하나다. 가장 잘하고 가장 좋아하는 일을 했다는 것! 그러므로 자신이 어떤 일을 제일 좋아하는지 고민해보라. 관심의 초점을 긍정적인 방향으로 돌려라. 더 이상 하고 싶지 않은 일을 찾을 것이 아니라 자신이 하고 싶은 일, 자신에게 기쁨을 주는 일을 찾아야 한다.

잘하는 일, 좋아하는 일을 찾기가 힘들다면 가까운 주변 사람들에게 도움을 청해보자. 아마 예상치 못한 대답을 듣고 깜짝 놀랄 것이다. 당신은 전혀 재능이라 생각하지 못한 것도 주변 사람들 눈에는 놀라운 능력일 수 있다. 제3자의 눈으로 객관적인 판단을 내릴 수 있다는 것도 주변에 도움을 청해야 하는 이유이다. 내 고객 엘케는 이 과정을 아주 멋지게 넘은 대표적인 사례로 꼽을 만하다. 그녀는 나의 충고대로 친구들한테 자신의 재능이 무엇인지 물어본 후, 다음

면담 시간에 자랑스러운 표정으로 그 목록을 내게 내밀었다. 정말로 많은 재능과 능력이 쭉 적혀 있었다. 당신은 어떤가? 지금 자신의 뛰어난 재능을 종이에 적어보라고 하면 줄줄 쓸 수 있는가?

건강을 생각해서라도 좋아하는 일, 잘하는 일에 집중해야 한다. 직장인을 트레이닝하다 보면 의외로 많은 사람들이 번아웃burnout (탈진 증후군)에 시달리는 모습을 보게 된다. 물론 그렇게 된 이유는 사람마다 다를 것이다. 하지만 한 가지 공통점이 있다. 스트레스에 시달리는 이들은 모두 하고 싶지 않은 일, 능력에 부치는 일, 잘 못하는 일을 처리하기 위해 아등바등한다. 게다가 시간에 엄청난 압박을 느낀다. 설사 시간이 많다 해도 하기 싫고 못하는 일을 억지로 하는 심정이 행복할 리 없다. 당신은 어떤가? 하루에 처리하는 업무 중 좋아하거나 쉽게 처리할 수 있는 일이 몇 가지나 되는가?

나는 행운의 여신이
눈길을 주는 사람인가

얼마 전 함부르크에 갔다가 한 갤러리 운영자를 만나 재미난 이야기를 주고받았다. 알고 보니 그 갤러리에 걸린 그림은 몽땅 다 그가 그린 작품이라고 했다. 그는 그림 말고도 많은 일에 열정을 불태웠다. 실내 인테리어와 조명에도 관심이 많아서 여기저기 불려 다니며 친구 집이나 사무실 인테리어와 조명을 바꿔주었다고 했다. 하지만 진짜 직업은 대학 경영학과 강사였고 지금 한창 박사 논문을 쓰는 중이었다. 그는 지금껏 가장 하고 싶은 일, 가장 즐겁고 행복한 일만 하며 살았다고 말했다. 인생이 그런 일들로 가득 찰 수 있도록 열심히 주변 환경을 조성해왔다고 말이다.

마리온 역시 그런 여건을 조성하기 위해 노력한 사람이다. 반면 경제적인 형편은 갤러리 운영자에 비해 턱없이 부족했다. 그래서 열여덟 살 때부터 닥치는 대로 돈을 모았다. 틈틈이 그림 공부도 병행했다. 형편이 좀 풀리면 평생 그림만 그리며 살고 싶었다. 그러나 아무리 열심히 일해도 형편은 나아지지 않았고 하루하루 꿈에서 멀어지는 느낌만 들었다. 그녀가 내 사무실 문을 두드린 이유도 그 때문이었다. 마리온은 자신이 가진 예술적 재능만으로 돈을 벌 수 있는 방법이 없을까 알고 싶다며 나를 찾아왔다. 우리는 머리를 맞대고 고민했다. 차곡차곡 계획을 세워 하나씩 실행에 옮겼다. 다행히 그녀가 워낙 재능이 뛰어났기 때문에 예상보다 쉽게 길을 찾을 수 있었다.

이런 인생철학의 대표 주자가 바로 샤넬의 수석 디자이너 칼 라거펠트Karl Lagerfeld이다. 그는 늘 이렇게 강조했다. 자신은 자기가 제일 잘하는 일만 하고 나머지는 자기보다 더 잘하는 사람들한테 맡긴다고. 아마 당신은 이렇게 반응할 것이다. '나도 그 사람 같은 위치에 있다면 그렇게 말할 수 있어. 그렇게 돈이 많으면 나도 내가 잘하는 일만 하며 살 거야.' 그래서 충고를 하나 더 하고 싶다. 주변에 항상 명랑하고 잘나가는 친구나 지인이 있거든 물어보라. 가장 좋아하는 일, 가장 잘하는 일에 시간을 얼마만큼 투자하며 사는지. 예상 외의 대답을 듣고 깜짝 놀랄지도 모른다.

마음속 깊이 숨겨놓았던 은밀한 소망

사실 그런 사람들에겐 행운의 여신도 결국 눈길을 줄 수밖에 없다. 무슨 뜻인지 알겠는가? 좋아하는 일을 하는 사람들은 즐겁고 행복할 것이고 그런 밝은 기운을 통해 다시금 긍정적 상황을 끌어낼 수 있다는 말이다. 자신이 즐거우면 더욱더 즐거운 상황을 만들어갈 수 있는 법이다. 내가 오랜 세월 많은 사람들을 만나면서 관찰한 결과이다. 나 자신의 인생을 돌아보아도 그렇다.

또 하나, 이런 질문을 던져보는 것도 좋은 방법이다. 살면서 꼭 하고 싶은 일이 있다면 무엇인가? 다들 죽기 전에 꼭 하고 싶은 일이 한두 가지 정도는 있을 것이다. 예를 들어보자.

- 내 손으로 뭔가 작품을 만들고 싶어요.
- 세계 일주를 하고 싶어요.
- 탱고를 배우고 싶어요.
- 시간이 많으면 외국어 하나쯤 배웠으면 좋겠어요.
- 은퇴하면 취미 생활을 즐길 거예요.
- 외국에서 몇 년 살아보는 게 꿈이에요.
- 애들이 취직해서 독립하면 대학에 들어가고 싶어요.

읽으면서 아마 이런 생각이 들었을지 모른다. '아, 나도 저런 생각을 종종 하는데.' 좋은 징조다. 마음 깊은 곳에 숨겨놓았던 이런 은밀한 소망들이 인생의 새로운 방향을 찾는 데 큰 도움이 될 테니 말이다.《나는 떠났다, 그리고 자유를 배웠다Das Grosse Los》의 저자 마이케 빈네무트Meike Winnemuth는 예전부터 늘 지겨운 기자 생활을 1년만 쉬면 얼마나 좋을까 생각했다. 그런데 2010년 TV 퀴즈쇼에 나갔다가 상금으로 50만 유로를 받게 되면서 지체없이 꿈을 실천에 옮겼다.

그녀는 1년 동안 12개국의 수도에서 각기 한 달씩 살았고, 그 경험담을 자신의 블로그에 생생히 올렸다. 여행을 모두 마친 후 출간한 책은 몇 달 동안 독일 베스트셀러 10위권 안에 들었다. 흥미롭게도 그녀는 나중에 한 TV 토크쇼에 출연하여 이렇게 고백했다. 막상 지나고 보니 자신이 보낸 1년이라는 휴가는 굳이 상금을 타지 않았어도 할 수 있는 일이었다고, 여행을 하는 동안 신문과 잡지에 기고한 원고료만으로도 충분히 경비를 댈 수 있었을 것이라고. 그렇다. 당신이 '진정으로' 하고 싶은 일을 해도 된다. 겁내지 마라. 잘못될 위험은 생각보다 크지 않다.

이 길로 갈까, 아니면 저 길로 갈까

　인생의 경로를 바꾸기로 결심했지만 아직 어떤 길로 나가야 할지 정확히 모르겠다면 숨어 있는 창의력을 적극 가동시켜야 한다. 하지만 항상 처리해야 할 일이 산더미 같은 일상에선 좀처럼 창의력을 발휘할 여건이 되지 않는다. 조금 더 여유 있고 느긋한 환경이 필요하다. 어떤 환경에서 마음이 가장 편한지는 자신이 가장 잘 알 것이다. 자연과 하나가 되었을 때, 운동을 할 때, 카페에서 커피를 마실 때, 그림을 그릴 때, 요리를 할 때……. 누구에게나 마음이 차분히 가라앉는 그런 순간이 있다.

　일단 분위기가 조성되었다면 이제 내가 제일 아끼는 기술을 써먹을 때가 왔다. NLP(신경언어학 프로그래밍) 교육의 일환으로 배웠던 기법, 바로 '월트 디즈니 기법'이다. 이 기술은 우리도 잘 아는 브레인스토밍과 상당히 관련이 깊지만 또한 그것을 한 차원 넘어선다. 우리 내면에서 꿈을 꾸는 창의적인 부분이 비판가의 독설에 공격당하지 않도록 막기 위해 만들어졌기 때문이다. 월트 디즈니Walt Disney는 직원들의 톡톡 튀는 아이디어가 질식당하는 일이 없어야 한다고 생각했다. 그래서 어떤 아이디어도 함부로 트집을 잡거나 비판하지 못하도록 온갖 방안을 구상하였다.

나는 이 방법을 우리의 목적을 위해 살짝 손을 보았다. 혼자서도 할 수 있으며, 만약 친구들의 힘을 빌리고 싶다면 여럿이 함께 실행해볼 수도 있다. 여럿이 참여하면 그만큼 다양한 목소리를 낼 수 있기 때문에 더 유익하다. 그럼 우리 함께 이 역할극을 시작해보자.

창의력을 가동시키는 경로 변경 3단계

당신이 지금 다른 도시로 이사를 가고 싶은데 어디로 가야 할지 구체적으로 정하지 못했다고 상상해보자. 이 가정에서 당신은 직업이 어린이집 교사이기 때문에 남들에 비해 상대적으로 장소 선택이 자유롭다. 월트 디즈니 기법의 제1단계는 사람들이 한자리에 모여 각자 꿈을 꾸는 것으로 시작한다. 가령 자신이 살고 싶은 도시를 꿈의 내용으로 선택할 수 있다. 각 참가자가 자신의 꿈에 대해 머릿속에 떠오른 생각을 이야기하면 그것을 모두 기록한다.

예를 들어 한 사람이 이렇게 말한다. "대도시는 아니어도 괜찮지만 교통이 편리하면 좋겠어. 나는 문화생활을 즐기는 편이어서 연극이나 영화를 못 보면 너무 괴로울 것 같아. 또 우리 강아지를 데리고 기분 좋게 산책할 만한 여건도 되어야 해." 다음 사람은 이렇게 말한다. "사람 없는 조용한 곳에서 살고 싶지만 마트가 너무 멀면 곤란하겠지." 세 번째 사람이 말한다. "이번에는 아파트 말고 주택에서 살고 싶어. 마당도 있어서 푸성귀도 좀 심어 먹고."

앞서 말했듯 참가자들은 꿈을 꾸는 것뿐이다. 그러니 이 단계에서는 모든 것이 가능하다. 꿈은 꼭 현실적일 필요가 없으니까. 1단계에선 누가 말을 하는 도중에 가로막아서는 안 되며, 중간에 끼어들어 비판을 해서도 안 된다. 모두가 마음대로 거칠 것 없이 꿈을 꿀 수 있다.

2단계에서도 비판을 일삼는 걱정인형들은 등장 금지다. 이 단계에서는 그다음 행동을 상상한다. 위에서 든 사례대로 한다면 우선 인터넷에 들어가서 물망에 오른 여러 도시들의 정보를 찾아보는 과정을 떠올릴 수 있다. 지역 관광 안내서나 정보 팸플릿을 구해서 각 도시마다 어떤 장점과 단점이 있는지 살펴볼 수도 있다. 다른 도시에서 살았던 지인들에게 문의하거나, 주말에 잠시 해당 도시를 직접 찾아가 요모조모 살피는 것도 좋은 방법이다. 그곳에 사는 사람들에게 직접 물어보는 것이 가장 정확할 수 있으니 말이다. 직장을 구하는 것 또한 급선무이므로 각 지역 어린이집에다 사람을 구하지 않나 문의해보아야 할 것이다.

마지막 3단계야말로 '건설적인' 비판가가 등장해야 할 시점이다. 떠올려본 여러 행동들을 시험대에 올리고 각각 실현 가능성과 경제성을 검토해야 한다. 여러 사람이 모여서 진행하는 중이라면 한 사람씩 돌아가며 비판가의 역할을 맡아보는 게 어떨까? 서로 힘을 합하여 하나하나 해야 할 일들을 목록으로 만들어 점검해나가는 것이다. 점검이 모두 끝나면 망설임 없이 원하던 경로 변경에 돌입할 수 있을 것이다. 이때는 일단 발을 내딛는 일이 가장 중요하다. 시작이 반이라고 했다. 시작하면 나머지는 알아서 따라오기 마련이다.

예상과 다르다고 틀린 것은 아니다

요즘엔 보험 없는 분야가 거의 없다. 암 보험은 물론이고 의료 실비 보험, 생명 보험, 연금 보험, 상해 보험, 화재 보험, 법률 비용 보험, 여행자 보험 등등 정말로 가지각색이다. 내 친구는 집이 여러 채인데 얼마 전 집과 관련된 보험을 모조리 해약했다. 집에 문제가 생겨 보험금을 받을 확률이 상대적으로 매우 낮다는 사실을 발견했기 때문이다. 혹시 진짜로 문제가 생기면 어떻게 하냐고? 그땐 만일의 사태에 대비해 저축해둔 돈으로 해결하면 된다. 따져 보니 매달 보험료로 지불하는 액수를 모으면 웬만한 사태는 대부분 해결 가능했다.

물론 모든 사람이 그렇게 생각하지는 않을 것이다. 매사불여튼튼, 안전을 강조하는 사람도 있을 수 있다. 나는 어느 쪽이냐고? 나 역시 보험이 아무짝에도 쓸모 없었던 경험을 몇 번 한 적이 있다. 내 사건이 경찰을 통해 해결된 것이 아니라는 이유로 보험금 지급을 거부당한 적도 있었다.

그런데 이 온갖 보험이 우리의 경로 변경과 무슨 상관이 있을까? 상관이 아주 많다. 오늘 당신이 내린 결정은 어떤 보험사도 책임져주지 않기 때문이다. 당신이 경로를 바꾸는 바람에 어떤 손실이 생기든 아무도 보상해주지 않는다. 직장을 바꾸건, 파트너를 바꾸건, 이사를 가건, 아니면 정말로 확 다 바꾸어 새로운 인생을 시작하건, 그 어떤 보장도 없다. 솔직히 살던 대로 계속 살아도 어느 날 깜짝 놀랄 만큼 기쁜 일이 일어날 수도 있지 않겠는가.

하지만 가만히 생각해보자. 다들 이런 경험이 있을 것이다. 준비를 단단히 하고 시작했건만 뭔가 계획대로 되지 않아 짜증이 난다. 옳다고 굳게 믿었는데 그 계획이 제대로 돌아가지 않는다. 그러다가 문득 언젠가부터 조금씩 괜찮아지면서 뭔가 일이 굴러간다는 느낌이 든다. 어쩌면 애초 계획보다 더 좋은 결과가 나올 수도 있을 것 같다. 사람들은 이럴 때 이렇게 말한다. "인생이 그렇지 뭐!" 그렇다. 예상과 다른 결과가 나왔다고 해서 그 결정이 '틀린 것'은 아니다.

솔직히 누가 옳고 그름을 판단하겠는가? 과거에 내가 내렸던 '틀린' 결정들을 되돌아볼 때마다 나는 굳게 확신한다. 바로 그 결정 덕분에 정말 많은 것을 배웠노라고. 우리는 모두 실수를 하고 잘못을 저지른다. 그건 나쁜 것이 아니다. 진짜로 나쁜 것은 잘못을 저지르고도 아무것도 배우지 못할 때이다.

예전에는 나도 어째서 그토록 한심한 결정을 내렸는지, 어떻게 그런 사람을 맹목적으로 믿었는지 후회하며 괴로워했다. 지금은 그러지 않는다. 지금의 나는 인생을 마치 게임처럼 생각한다. 세상만사에는 의미가 있고(물론 그 의미를 깨닫기까지 엄청난 시간이 걸릴 때도 많지만), 거의 모든 문제는 해결될 수 있다는 것을 잘 알기 때문이다. 그러므로 나는 '틀린' 결정이란 없다고 확신한다. 중요한 것은 단 하나, 결정을 내린다는 사실 그 자체이다. 스스로 결정을 내리지 못하는 사람은 남에게 결정을 맡길 수밖에 없다. 내가 못 내린 결정을 남이 대신 내려 주는 것, 그것만큼은 절대로 하지 말아야 할 것이다.

나의 길은 내가 결정한다

세계에서 연봉이 제일 높은 헤지펀드 매니저 데이비드 테퍼 David Tepper가 어느 인터뷰에서 자신의 성공 비결을 이렇게 설명했다. "우리가 돈을 많이 버는 이유는 잃을까 봐 겁을 내지 않기 때문입니다." 그는 어릴 적부터 서른 살에 백만장자가 되겠다는 계획을 세웠다. 비록 그 꿈은 이루지 못했지만 50대 후반에 자산이 35억 달러에 달하는 대부호가 되었다. 분명 실패와 '틀린' 결정을 이기고 당당하게 대처하는 그의 능력이 이런 재산을 모으는 데 큰 힘이 되었을 것이다. 물론 당신은 너무 먼 나라 이야기라고 생각할 수도 있겠다. 하지만 데이비드 테퍼가 알려준 성공의 비법은 우리의 소소한 일상에도 충분히 적용할 수 있다.

경로 변경을 결정한 순간 우리는 모두 같은 조건에 있는 셈이다. 누구도 안전을 보장하지 않고 무엇도 성공을 보증하지 않는다. 딴 사람들은 나보다 훨씬 수월하게 사는 것 같고, 별 노력 없이 승승장구하는 것 같아 보일 때가 많을 것이다. 날 아는 사람들도 내 이야기가 나오면 모두들 입을 모아 말한다. "디아나, 넌 잘될 줄 알았어." 마치 나의 성공이 하늘에서 뚝 떨어진 것처럼 여긴다.

그러나 진짜 가까운 친구들은 안다. 매니지먼트 트레이너로 독립하고 회사를 차린 후 3년 동안 내가 어떻게 살았는지. 당시 나는 일주일에 7일, 하루 12시간씩 일했고 거의 전 재산을 회사에 투자했다. 인맥을 쌓고 시너지 효과를 키우기 위해 얼마나 많은 행사에 참석했는지 모른다. 동시에 부족한 소양을 채우기 위해 여러 차례 추가 교육을 받았다. 지금 그때를 돌아보면 과연 어떻게 해냈을까 스스로도 의문이 들 정도다.

물론 경로 변경을 할 때마다 무조건 죽기 직전까지 일해야 한다는 말은 절대 아니다. 당시 내 목표는 너무나 소박했다. 회사가 최대한 빨리 수익을 내는 것! 가진 돈이 거의 바닥을 보이는 상황이라 조금이라도 수익을 내지 않으면 회사 문을 닫아야 할 판이었다. 그 무엇도 내 계획이 언제쯤 성공하리라 보장해주지 않았다. 다행히 나는 복이 참 많은 사람이었고 지금도 그러하다. 내 곁에는 친구들이 있었다. 걷다 지쳐 주저앉으면 나를 업어 데려갔고, 회사를 팔아 치워야겠다고 엉엉 울며 통곡을 하면 손수건을 쥐어주었다.

그러니 당신도 할 수 있다. 용감하게 자신의 인생을 움켜쥐어보자. 남들이 보기엔 얼토당토않은 짓이라도 당신에겐 그것만이 옳은 길일 수 있다. 인생엔 수많은 길이 있다. 당신의 길은 당신이 결정해야 하며, 자신을 믿고 그 길을 꿋꿋이 걸어가야 한다. 그 편이 비싼 보험 하나 드는 것보다 훨씬 든든할 것이다.

방향과 경로를
많이 바꿀수록 더 강해진다

인생을 바꿀 용기는 어디서 나오는가? 용기와 자신감, 확신을 캔에 넣어 파는 가게가 있다면 아마 매일 품절 사태일 것이다. 어쩌면 만드는 속도가 팔리는 속도를 따라잡지 못하지 않을까? 가게 앞엔 늘 긴 줄이 늘어설 게 뻔하다. 문을 열자마자 갓 만든 신선한 캔을 사겠다며 아예 가게 앞에 텐트를 치고 밤을 새는 마니아 고객들도 있을지 모른다. 그러나 그런 가게가 없으니 하는 수 없다. 용기도, 자신감도, 확신도 스스로 생산할 수밖에. 성공적인 방향 전환, 생산적인 경로 변경을 위해서는 이런 덕목들이 반드시 넘어야 할 산이다.

얼마 전 고객 사라한테서 전화가 걸려왔다. 목소리만 들어도 완전히 제정신이 아니었다. 훌쩍이다가 떨리는 목소리로 더듬더듬 너무나 중요한 미팅이 있는데 아무래도 말을 제대로 못할 것 같다고 털어놓았다. 무슨 일이었을까? 그녀는 작은 기획사 사장인데 얼마 전부터 소속 가수 한 사람과 계속 의견 충돌이 있었다. 그러다 며칠 전에 대판 싸워서 그와는 일을 그만해야겠다고 마음먹은 참이었다. 그런데 하필이면 사납기로 업계에서 소문난 이가 그 가수의 전속 매니저가 되었다는 소식을 접했고, 어제 그가 전화를 걸어 그녀에게 이야기 좀 하자는 통보를 한 것이다. 아직 그동안 일한 비용도 정산을 못한 터라 사라에게는 매우 불리한 상황이었다.

그 순간 그녀에게 부족한 것이 무엇이었을까? 바로 용기와 자신감, 확신이었다. 대신 그녀는 왜 이런 일을 시작했을까, 왜 좀 더 참지 못하고 싸웠을까 후회와 자책만 할 뿐이었다. 사라가 워낙 자신감이 부족하여 스스로 형편없는 못난이라고 생각하였기에 그녀가 가진 뛰어난 재능과 덕목들을 일깨워주기까지 나도 상당한 노력을 기울여야 했다. 그녀와 내가 이 위기를 어떻게 무사히 극복할 수 있었을까? 비결은 바로 이렇다.

지난 몇 주 혹은 몇 달 동안 자신이 왜소하고 못생겼으며 무능하고 모자라다고 느꼈던 상황이 있었는가? 그 상황으로 돌아가보자. 직장이든 가정이든 상관없다. 우리의 목적은 당신이 의식을 했건 못했건 당시 어떻게 당신이 용기와 확신과 자신감을 되찾았는지, 혹은 다시 만들어냈는지를 알아내는 것이다.

당신은 그 상황에서 어떤 전략을 동원했는가? 살면서 혹은 지난 몇 주 동안 잘했던 일, 성공했던 일을 떠올리는 방법을 사용했는가? 아니면 당신을 괴롭히던 사람들(미쳐 날뛰는 상사, 잔소리하는 엄마, 사사건건 트집 잡는 시어머니, 사춘기 딸, 성가신 옆자리 동료 등)이 눈앞에 나타난 듯 생생하게 떠올렸는가?

어떤 방법을 택했건 불쾌한 상황을 새처럼 높은 곳에서 내려다볼 수 있다면, 지금 당신에게 불쾌감을 주는 사람이 겉보기에는 당신보다 훨씬 강해 보이지만 사실은 그렇지 않다는 사실을 깨닫게 될 것이다. 그들이 당신의 아킬레스건을 건드렸을 수는 있다. 하지만 그 이상은 아니다. 그리고 그런 상황에서 불쾌한 감정, 마음을 약하게 만드는 감정이 샘솟는 것은 지극히 당연한 일이다.

혹은 전혀 다른 방법으로 그 상황을 이겨냈을 수 있다. 평소 명쾌한 결론으로 흐려진 당신의 시야에 빛을 던져주는 친구, 당신을 지지하고 믿어주는 친구에게 전화를 걸어 도움을 청했을 수도 있다. 어쨌든 당신의 몸은 순식간에 숨어 있던 자신감과 용기와 확신을 다시 뿜어내기 시작했을 것이다. 요리를 할 때와 비슷하다. 당신은 몇 년 동안 그 요리를 하지 않았던 터라 부엌에 서서 걱정부터 한다. "어떻게 했었지? 그 달콤함 소스를 어떻게 만들었더라?" 하지만 오래오래 고민할수록 당신의 기억 저 깊은 곳에 숨어 있던 레시피가 서서히 떠오르면서 손도 따라 움직이기 마련이다.

잃었던 자신감과 용기를 다시 내 몸에서 샘솟게 한 경험이 있는가. 그렇다면 아무리 어려움이 닥쳐도 그날의 기억을 떠올리며 용기를 일깨울 수 있다. 이때 꼭 필요한 것이 있다. 바로 훈련, 훈련, 또 훈련하는 것이다. 소소한 시도라고 해도 방향과 경로를 많이 바꿀수록, 자주 어려움을 극복할수록 더욱더 오래 용기와 자신감이 당신의 인생을 함께 할 것이다. 이리하여 처음의 질문은 그 해답을 찾았다. 인생을 바꿀 용기는 어디서 나오는가? 그렇다. 그 무엇도 아닌 바로 우리 자신에게서 나온다.

아직 때가 아니라는
마음의 소리에 대하여

다들 이런 경험이 있을 것이다. 인생을 바꾸기 위한 프로젝트에 돌입하자마자 저 깊은 무의식에서 뭔가 이상한 기분이 스멀스멀 기어 올라온다. 정체를 알 수 없는 이 기분이 바로 눈으로는 볼 수 없지만 느낌으로는 매우 확실하게 감지할 수 있는 장벽이다. 우리의 걸음을 방해하는 것이다. 이 장벽은 우리가 최선이라고 믿었던 방법의 실천을 가로막는다.

우리의 이성이 변화의 계획을 제대로 이해하지 못한 것일까? 아니면 그것을 반드시 막아야 하는 위험천만한 일이라고 판단한 것일까? 그럴 수도 있다. 어쨌든 이성은 엄청난 노력을 투자하여 마음에 의혹을 심으려 한다. 그 결과 우리는 지금 이 순간 변화를 꾀하는 것이 왜 부적절한지를 뒷받침해줄 각종 논리를 찾아 나선다. '애써봤자 소용없을 거야', '내 인생이 그렇지 뭐', '아직 때가 아니야', '감기가 심하게 들었으니 이런 컨디션으로는 안 되겠어', '해야 할 일이 태산이야', '집에 우환이 생겼어', '회사가 어려워' 등등…….

나도 친구를 통해 그런 장벽의 영향력을 아주 구체적으로 경험한 바 있다. 내 친구 베아테는 결혼을 앞두고 신혼집을 구하는 중이었다. 하지만 그녀가 살던 대도시에서 교통 여건도 좋은 곳에 방을 구하기란 하늘의 별 따기였다. 방을 보고 잠시 고민하는 사이에 다른 사람이 먼저 계약을 해버리는 일도 허다했다.

그러다 우연히 직장 동료가 소개를 해준 덕분에 그녀가 원하는 지역에 집을 하나 보았다. 월세도 적당했고 아직 이 집을 탐내는 다른 경쟁자도 없었기에 원한다면 언제라도 입주가 가능했다. 그런데 집을 보고 온 지 세 시간 만에 이상한 기분이 들기 시작했다. 게다가 머릿속에 떠오른 온갖 논리적 이유들이 그 기분을 뒷받침했다. 베아테는 대체 무슨 생각을 했을까? 그녀의 머릿속에 떠오른 그 이상한 생각들의 정체를 파악하다 보면 마음의 장벽을 이해하는 데 도움이 될 것이다.

베아테의 마음은 이렇게 말했다. 이 집이 구조도 좋고 위치도 좋다. 다만 그녀가 자주 다니는 쇼핑 거리에 가려면 자전거로 20분이나 걸리니 다니기가 번거롭다. 그 정도는 그나마 참겠는데 알아보니 집주인이 유산으로 이 집을 물려받은 것이고, 자기도 집이 있으니 얼른 팔아버리고 싶어 한다. 하지만 집이 팔리지 않아 계속 세를 주고 있고, 그렇게 남에게 집을 주다 보니 집 상태가 형편없다. 여기저기 손을 봐야겠는데 괜히 시작했다가 수리비가 예상외로 많이 나오면 어떻게 하나 걱정스럽다. 더구나 주인이 집을 팔고 싶어 한다니 이사를 갔다가 금방 집이 팔려서 또 이사를 가야 하면 어쩌나 싶다. 이렇듯 베아테는 이사를 하지 말아야 할 온갖 이유를 찾아냈고, 그 모두가 나름 일리 있어 보였다.

베아테가 나에게 그 '이상한' 기분을 털어놓았을 때 나는 큰 흥미를 느꼈다. 내가 보기에 그 기분은 새로운 삶을 가로막으려는 마음속 장벽이 틀림없었기 때문이다. 어쨌든 베아테에겐 이사가 큰 변화를 의미했을 것이다. 그녀는 그동안 셰어하우스에서 살면서 그곳의 이웃과 정말 정이 많이 들었다. 가족 못지않게 서로 잘 챙겨주고 화목하게 지냈기 때문이다. 이사를 하면 자기 집처럼 편안해진 주변 환경과 이별을 고해야 했다.

이 와중에 그녀가 미처 예상치 못했던 두려움이 고개를 치켜들었다. 여태껏 혼자서 하고 싶은 대로 하면서 살았는데 앞으로 남편과 같이 잘 살 수 있을까? 지금까지 남편과 오래 연애를 하면서 별문제가 없었던 것은 따로 살면서 각자의 생활을 했기 때문은 아닐까? 이 모든 우려와 걱정이 무의식적으로 장벽을 만든 것이다.

완벽주의의 망상을 다루는 법

변화를 꾀하려는 거의 모든 사람들이 아마 앞 장의 베아테와 비슷한 기분을 느낄 것이다. 다시 한 번 그런 복잡한 감정 상태를 살펴보자. 가장 먼저 이러지도 저러지도 못하는 상태가 될 것이다. 앞으로 달리고는 싶은데 발이 브레이크 페달에서 떨어지지 않는 것이다. 마음속에서 서로 다른 목소리가 들릴 경우 상황은 더 악화된다.

우리에게 용기를 주려는 목소리는 아마 이렇게 속삭일 것이다. "그러지 마. 저번에도 그랬잖아. 괜한 걱정일 뿐이야. 용기를 내서 시작해보자." 하지만 정반대의 목소리도 가만있지 않는다. "솔직히 말해 그 집 좀 이상하지 않아? 그만한 위치에 있으면서 왜 여태껏 계약이 안 된 걸까? 평소엔 예감을 잘 믿더니 이번에는 왜 그렇게 둔하게 굴어? 게다가 이 남자와 한집에서 사는 게 정말 괜찮을까? 워낙 까다롭잖아." 이 정도 되면 상황은 걷잡을 수 없이 진퇴양난에 빠진다. 부르지도 않았는데 어느 사이 우리를 찾아온 이런 기분과 속삭임들은 대체 어디서 오는 것일까?

그 기원은 다름 아닌 우리의 어린 시절에 있다. 태어나는 순간부터 아기는 배움을 시작한다. 이 세상에 널린 새로운 것을 찾아 시험해보는 것이 아기의 일상이다. 덕분에 초 단위로 장벽을 넘어야 한다. 아기는 무엇이든 입에 넣어보고 DVD 플레이어 틈으로 화분의 흙을 집어넣거나 손가락을 문틈에 끼워도 본다. 그러다 어느 순간 장벽에 맞닥뜨린다. 아기는 어떤 행동이 위험한지, 어떤 행동은 절대로 해서는 안 되는지 그 장벽을 통해 배운다.

이로써 난생처음으로 정체를 알 수 없지만 매우 불쾌한 기분을 느낀다. 아이의 내면에서 무엇을 해도 '네가 잘못했어!'라는 메시지가 들려온다. 그래서 아기는 이 정체 모를 기분과 그것을 동반하는 장벽을 외면하기 위해 서둘러 다른 몰두할 거리를 찾는다. 그렇게 장벽을 체험하는 드라마가 시작되는 것이다.

물론 사람에 따라 마주치는 장벽의 구조는 다르다. 당연히 장벽에 부딪쳤을 때 느끼는 감정도 각양각색이다. 몇 가지 대표적인 것들을 꼽아보면 다음과 같다.

- 난 그런 재능은 없어.
- 난 못 해. 한 번도 성공해본 적이 없는걸.
- 나 혼자 힘으로 난관을 극복해본 적이 없어.
- 이건 내가 모르는 거야.
- 어릴 때부터 이런 건 힘들었어.
- 사람들 앞에서 망신당하고 싶지 않아.
- 나보다 잘하는 사람이 얼마나 많은데.

그렇다면 어떻게 해야 이 마음의 장벽을 넘을 수 있을까? 아주 간단한 방법이 있다. 긍정적 감정을 발판으로 삼아 새로운 목표로 뛰어드는 것이다. 인생의 변화가 가져올 장점들을 형형색색 아름다운 색으로 상상해보자. 아마 마음속 장벽이 안절부절못하다가 조금씩 키를 낮출 것이다. 당신의 생각이 미래의 새 삶에 가까이 다가갈수록 당신을 그 미래에서 떼어놓으려는 장벽의 힘도 약해지기 마련이다.

또 하나, 아주 실용적인 방법이 있다. 한 번도 가본 적 없는 나라로 여행을 떠나서 여러 가지 경험을 해보는 것이다. 작은 어려움의 언덕을 자주 넘다 보면 아무리 큰 산이 나타나도 두려워하지 않게 된다. 그렇게 바깥세상에서 성공한 경험은 마음속 장애물도 쉽게 넘을 수 있게 도와준다.

이제 당신은 어떤 것이 당신에게 행복을 주는지 알고 있다. 방향 전환이 득이 될지 안 될지 점검을 마쳤다. 그리고 인생의 여정이 어디로 향할지도 확실히 안다. 또 마음의 장벽을 뛰어넘을 수 있는 손쉬운 방법도 배웠다. 나아가 용기와 자신감과 믿음을 키우는 방법도 이미 잘 알게 되었다. 이제 필요한 것은 단 하나, 당신의 결정뿐이다. 잠시 시간을 내서 복잡한 일상을 떠나보자. 완벽주의의 망상과 불안증을 버리고 당신이 가진 창조적 잠재력에 푹 빠져보자. 새로운 행동 방식을 시험해보고 당신의 인생이 달라지면 어떨지 꿈을 꾸어보는 것이다.

어쩌면 당신의 마음에서 이런 목소리가 들릴지도 모른다. "세상일이 그렇게 간단하다면 왜 사람들이 힘들어하겠어?" 나의 대답은 이렇다. 삶의 원칙은 실제로 간단하다. 삶이 복잡해지는 이유는 우리가 부정적인 시각과 생각과 판단과 가정으로 일상을 채우기 때문이다.

주변을 살펴보라. 분명 여유롭게 살아가는 사람들, 행복하게 살아가는 사람들 또한 많을 것이다. 아쉽게도 당신이 여러 가지 상황 탓에 마음의 여유를 잃었을 뿐이다. 그런 상황들에 대해선 앞에서도 이미 언급했다. 그럼에도 긍정적인 자세를 잃지 않는다면 당신도 언젠가 반드시 기쁨을 되찾을 수 있을 것이다.

'행복'은 딱 꼬집어 정의할 수 없는 추상적인 개념이지만, 누구나 바라는 소망이기도 하다. 행복한 삶은 우리 모두의 소망이다. 그러니 꿈을 향해 가는 길에서도 행복을 생각하지 않을 수 없다. 이제 아래 질문에 대답을 해보자. 당신의 인생에서 이미 행복을 찾은 영역과 아직 그렇지 못한 영역을 판별하여, 행복의 수준을 더욱 끌어올릴 수 있을 것이다.

당신이 추구하는 행복의 잣대

- 직장에서 가장 많은 시간을 할애하는 업무나 활동이 무엇인가?
- 그 가운데 어떤 것이 당신의 재능과 맞는가?
- 어떤 업무가 시간과 에너지를 앗아가는가?
- 실패할 확률이 전무하다면 지금의 직장 생활에서 어떤 점을 바꾸고 싶은가?
- 실패할 확률이 전무하다면 지금의 개인 생활에서는 어떤 점을 바꾸고 싶은가?
- 노력하지 않아도 남들의 칭찬을 자주 듣는 것이 있다면?
- 직장이나 사생활에서 당신에게 행복을 주는 사람이 있다면 누

구인가?

- 직장이나 사생활에서 에너지를 훔쳐가는 사람이 있다면 누구인 가? 그 이유는?
- 당신은 어떤 장소에 있을 때 편안한가?
- 반대로 편안하지 않은 장소는 어디인가? 그 이유는?
- 5년 전으로 돌아갈 수 있다면 무엇을 바꾸고 싶은가?
- 경제적으로 전혀 제약이 없다면 지금 당장 무엇을 바꾸고 싶 은가?

나는 독자들과 함께 좀 더 생각해볼 만한 연습 문제를 고안하면서 하나도 빠짐없이 먼저 나 자신에게 시험해보았다. 매번 정말 재미났 다. 특히 위의 질문에 대답을 하면서 솟구치는 변화의 욕망을 느꼈 다. 당신이라고 해서 나와 다르리라는 법이 있겠는가?

행복을 위한 브레인스토밍

의외로 행복을 묻는 질문에 명확하게 대답을 못하는 사람들이 적 지 않다. 당신도 그중 하나인가? 아래 연습 문제는 행복이라는 주제에 좀 더 가까이 다가갈 수 있도록 도와줄 것이다.

일단 종이 두 장과 펜이 필요하다. 첫 번째 종이의 한가운데에 크게 '행복'이라고 적은 다음 그 주변으로 이 단어와 관련 있다고 생각하는 것을 전부 적는다. 그다음으로 당신이 가장 중요하게 생각하는 단어 12개를 적어 원으로 묶는다.

이제 두 번째 종이를 꺼내 도표를 만든다. 왼쪽 칸에는 앞에서 선별한 12개의 단어를 쭉 나열하고 오른쪽 칸에는 여섯 개의 질문을 적는다. 아마 이런 모양이 될 것이다.

	질문1	질문2	질문3	질문4	질문5	질문6
건강						
인간관계						
직업의 성공						
처리한 과제						
운동						
자연						
기쁨						

여섯 개의 질문은 다음과 같다.

- 이 항목이 내 인생에서 얼마만큼의 자리를 차지할까?
- 이 항목에 조금 더 많은 자리를 내주려면 어떻게 해야 할까?
- 어떤 능력을 동원할 수 있을까?
- 누가 도와줄 수 있을까?
- 이 항목이 내 인생에서 더 많은 자리를 차지하면 어떤 결과가 생길까?
- 그러기 위해 가장 시급하게 해야 할 일 두 가지가 있다면?

칸을 다 채웠다면 한 달에 하나의 항목을 선택하여 4주 동안 그 항목에만 관심을 집중한다. 가장 손쉬울 것 같은 항목부터 시작하라. 그렇게 경험을 쌓아서 점차 실천하기 힘든 항목으로 나아가는 것이 좋다.

우리는 어떻게든 타인의 가슴에 닿으려 노력하며, 가슴에 담아둔 사람에게 모든 것을 다 내주고 싶어 한다. 그럼에도 정작 자기 가슴 속 깊은 곳에 있는 마음에 다가갈 생각은 하지 못한다. 자신의 마음과 자주 소통한다면 삶이 한결 가볍고 수월해질 것이다. 과연 어떻게 해야 마음속에 숨어 있는 꿈들을 불러낼 수 있을까?

당신은 마음과 이야기를 하겠다는 생각을 해본 적이 있는가? 어떻게 하면 그럴 수 있는지 알고 싶은가? 접근 방식은 아주 다양하다. 자신에게 가장 잘 맞는 방법으로 선택하면 된다. 예를 들어 마음을 향해 이렇게 말할 수도 있다. "내가 앞으로 뭘 할 수 있을지 가르쳐줘." 안 될 이유가 어디 있는가?

2

꿈을
잃어버렸다면
어떻게 할까?

당신이 지금처럼 사는 이유

당신은 꿈을 잘 꾸는 사람인가? 분주한 일상의 스위치를 잠시 끄고 1년, 2년, 5년 후의 삶이 어떤 모습일지 상상해보는가? 당신의 상상력은 어떤 수준인가? 자신의 미래를 화려하고 아름다운 빛깔로 그려낼 수 있는 수준인가? 이 질문에 망설임 없이 "예"라고 답했다면 당신은 이미 높은 수준의 꿈을 실천에 옮기고 있는 사람이다.

반대로 지난 여섯 달 동안 미래를 그려볼 시간이 전혀 없었다면 이제부터라도 당장 꿈꾸는 연습을 해야 한다. 당신도 이미 알고 있을 것이다. 꿈꾸는 기술이야말로 원하는 삶의 출발점이라는 사실을. 당신이 지금처럼 사는 이유는 과거의 어느 날 의식적이건 무의식적이건 지금과 같은 미래를 꿈꾸었기 때문이다. 그렇다. 꿈꾸는 대로 된다. 망설이지 말고 당신의 인생을 꿈꾸어야 한다.

물론 이틀에 한 번꼴로 새 인생 모델을 들고 와서 그 계획을 반드시 성공시키겠다고 다짐하는 사람들도 있다. 계획은 원대하지만 지금까지 이룬 것은 하나도 없고, 그럼에도 지치지 않고 원대한 계획을 세워대는 사람들 말이다. 우리는 그런 헛된 꿈에 낭비할 시간을 줄여야 할까? 그렇지 않다. 세상만사가 그러하듯 인생의 꿈도 양면이 있다. 백일몽이 현실이 될지 그냥 꿈으로 남을지는 대부분 마음먹기에 달려 있다.

나한테서 개인 트레이닝을 받는 가수와 뮤지션들이 몇 사람 있다. 다들 하나같이 창의력이 넘치고 재능도 뛰어나다. 재능만 놓고 보면 성공해도 한참 전에 했어야 마땅하다. 게다가 온 마음을 다 바쳐 작곡을 하고 노래를 부르고 음악에 열중한다. 말 그대로 삶이 곧 음악인 사람들이다. 그러나 막상 이들의 일상은 끝없이 이어지는 오디션과 낙방의 고배, 그리고 다시 오디션으로 반복된다.

그들은 한결같이 멋진 꿈을 꾸면서도 왜 여태 성공하지 못했을까? 아마 그들의 꿈이 걱정과 의혹, 그릇된 신념으로 뒤덮였기 때문일 것이다. 자신을 믿지 못하면 이미 실패한 것과 다름없다. 의심은 가장 질 나쁜 꿈의 킬러이다. 부정적인 속삭임이 들려오는 순간 하늘을 향해 솟구치던 꿈은 순식간에 날개를 잃고 주르륵 땅으로 떨어져 내린다.

앞 장에서 이미 몇 가지 부정적 속삭임을 소개한 바 있다. 오디션에 낙방을 거듭하는 무명 가수라면 이런 속삭임을 들을지도 모른다. "아무리 노력해도 되는 게 없어. 여태껏 한 번도 내가 원하는 오디션에 성공한 적이 없어. 다 남들 차지였지. 이번이라고 다르겠어? 아무래도 포기해야 할까 봐. 아무도 나의 재능을 알아주지 않을 거야."

아마 지금쯤 당신도 왜 이 사람의 꿈이 늘 앞서가는 남들처럼 가파른 상승 곡선을 타지 못했는지 간파했을 것이다. 그의 꿈엔 어떤 신념이 필요할까? 아마 이런 것은 아닐까? "왜 진즉에 가수가 되겠다는 생각을 못했을까? 어릴 때부터 다들 내 노래에 감동했었는데 말이야. 이제라도 늦지 않았어. 곧 세상이 내 발밑에 납작 엎드릴 거야."

물론 내가 약간 과장한 면도 있다. 나는 다만 긍정적인 감정이나 메시지, 자신의 꿈에 대한 믿음이 그 꿈을 실현하는 데 얼마나 큰 도움이 되는지를 설명하고 싶을 뿐이다. 이제 자연스럽게 이런 의문이 들 것이다. 어떻게 하면 그렇게 될 수 있을까? 엄청나게 긍정적인 사고로? 자기암시로?

우리의 목표는 부정적 감정을 긍정적 감정으로 바꾸는 것이다. 그러나 마법의 주문을 걸 듯 손가락 한 번 튕기면 저절로 부정적 감정이 스르륵 사라지고 긍정적 감정이 요정처럼 등장하는 것이 아니다. 그렇다면 이런 방법을 한번 시도해보면 어떨까?

당신의 꿈에 찰싹 달라붙은 부정적 감정들을 확인하거든 그 감정이 처음 등장했던 시절로 돌아가보자. 아마 어린 시절이었을 확률이 매우 높다. 이제 당신은 어른이 된 지금의 입장에서 당시의 상황을 되돌아보면서 지금이라면 저 상황에 어떻게 대처할지 고민해보자. 분명 그 시절과는 전혀 다른 방식으로 대처할 것이다. 그리하여 태도의 변화를 동반하는 그런 깨달음으로 부정적 감정을 긍정적 감정으로 바꿀 수 있을 것이다.

그다음은 유익하지 않은 신념을 없애버릴 차례다. 과연 그릇된 신념을 계속 믿는 것이 당신 인생에 얼마나 도움이 되는지, 정말 의미가 있는 일인지 아주 실용적인 입장에서 따져보자. 분명 무의미하다는 사실을 새삼 확인할 것이다. 그렇다면 당장 이런 말들을 머릿속 데이터베이스에서 삭제하고 의욕을 북돋아주는 새로운 말들로 그 빈자리를 채워보자. 예를 들어 무명 가수가 오디션을 보러 간다면 스스로에게 이렇게 말할 수 있다. "난 이제 최고의 무대를 선보일 거야. 내 목소리가 그 역할에 적임자라면 내가 뽑히겠지. 내가 적임자가 아니면 다른 사람한테 돌아갈 것이고. 난 그저 최선을 다해 열심히 하면 되는 거야."

걱정과 우려 역시 이런 식으로 대처하면 된다. 나아가 당신을 괴롭히는 그 걱정과 근심이 누구한테서 물려받은 것인지 곰곰이 생각해보자. 성공한 사람, 행복한 사람에게서 배운 것인가? 아마 그렇지 않을 것이다. 그렇다면 더더욱 그것에 시간을 빼앗길 이유가 없다. 그 시간을 차라리 성공한 사람들의 정보나 비법을 배우는 데에 투자하는 것이 훨씬 유익할 테니까.

우리가 꿈을 꾸는 방식은 목표 달성에도 매우 큰 영향을 미친다. 이와 관련하여 다시 한 번 칼 라거펠트를 언급하고 싶다. 어느 신문 인터뷰에서 그는 일하는 시간의 70퍼센트를 꿈을 꾸는 데 투여한다고 대답했다. 그가 엄청난 성공을 거둔 사람이란 사실, 꿈을 이룬 사람이라는 사실로 미루어 볼 때 그의 비법에 귀를 기울여볼 필요도 있을 것이다.

이제 우리는 또 하나의 성공 공식을 만들어볼 수 있다. '큰 긍정적 변화를 원한다면 적어도 일주일에 여덟 시간 꿈을 꾸어야 한다. 작은 변화는 최소 두 시간이다.'

나를 사랑하는 것이 시작이다

내 고객 클라우스는 인생 최대의 고비에 서 있다. 지금 하는 일이 너무 재미없고 의욕도 없지만 그렇다고 딱히 옮길 직장을 구한 것도 아니다. 다른 일을 찾고 싶지만 방법을 모르는 상태로 허송세월하다 보니 마음이 울적하고 매사 의욕이 없다. 클라우스의 이야기를 시작한 것은 이유가 있어서다. 자신이 하는 일을 스스로 좋아하지 않고 존중하지 않을 경우 어떤 결과가 초래될 수 있는지 정직하게 보여주기 때문이다.

클라우스는 28년 동안 직장을 다녔지만 단 한 번도 자신이 일을 잘한다고 느껴본 적이 없다. 자기 자신도, 자신이 한 일도 늘 마음에 들지 않았다. 자신의 업무 분야에서 실수가 발생하면 그는 당연히 자기 잘못이라고 믿어버렸다. 그랬기에 그의 마음은 늘 이런 부정적인 말로 가득 차 있었다. "난 아무짝에도 쓸모없는 인간이야. 다들 나보다 훨씬 나아."

그나마 그에게 행복을 주는 것이 있다면 개인적으로 찾아 들은 영적 내용의 강의들이었다. 나는 처음 본 순간부터 클라우스가 매우 예민하고 섬세하며 영적인 능력이 뛰어나다는 사실을 간파했다. 사실 그도 자신의 능력을 알고 있었지만 그것에 특별한 의미를 부여하지는 않았다. 자신의 능력이 얼마나 대단한지 미처 깨닫지 못한 탓이다. 당연히 그 재능으로 무엇을 할 수 있을지 꿈꾸어본 적도 없었다. 그러나 지금 그는 예전보다 훨씬 자주 그런 꿈에 빠져 있다. 아마도 머지않아 사람들의 마음을 어루만지고 치료하는 클라우스를 만나게 되지 않을까? 물론 처음에는 어려움도 많겠지만 어느 정도 자리가 잡히고 나면 그 일로 생계를 유지할 수도 있을 것이다.

이제 여러분도 확인했을 것이다. 자신을 가치 있는 사람으로 생각하는 것은 성공적으로 경로를 변경하기 위한 전제 조건이자 주춧돌이라는 사실을. 마지막으로 자신에 대해 정말 긍정적으로 생각해본 적이 언제였는지 한번 되돌아보라. 너무 오래전이라면 서둘러 만회해야 한다. 지금부터라도 스스로에 대한 칭찬을 아끼지 말고 듬뿍 해보자.

"나의 관심이 향하는 그곳에 언젠가 가게 될 것이다."

주변의 인정과 칭찬이 부족하다고 느끼면 자신을 성공한 다른 사람들과 비교하는 습성에 얽매이기 십상이다. '다른 사람들은 말도 잘하고, 머리도 똑똑하고, 카리스마도 넘치는데 나는 왜 이 모양 이 꼴일까?' 이렇게 생각하는 사람은 절대 자기 안에 숨은 긍정적인 면모를 찾아낼 수가 없다. 그러므로 자신이 무엇을 할 수 있는지에 초점을 맞추고 스스로 가치 있는 존재로 느껴야 한다.

우리가 성공할 수 있고, 행복을 누려야 마땅한 사람이라는 확신은 어떻게 얻을 수 있을까? 이런 능력도 훈련으로 키울 수 있을까? 내 생각에는 그럴 수 있다. 자신을 실제보다 더 부풀려 생각하라는 말이 아니다. 자신의 긍정적인 면모와 부정적인 면모를 정직하게 바라보라는 뜻이다. 객관적인 시선으로 자신을 바라보며, 도움이 안 된다고 생각되는 행동과 태도를 고치고, 대신 긍정적인 면모에 초점을 맞추라는 것이다.

이와 관련하여 수많은 영적, 신경생물학적, 철학적 견지들이 있다. 그중에서 정말로 내 가슴에 와 닿았던 말은 이것이다. '나의 관심이 향하는 그곳에 언젠가 내가 가게 될 것이다.' 달리 말하면 내 생각을 좌우하는 나의 관심이 부정적인 상황으로 향할 경우 조만간 내가 그런 상황에 이르게 될 것이라는 소리다. 자신과 타인을 부정적으로 생각하면 절대 바깥에서도 긍정적인 반응이 되돌아오지 않는다.

여기서 또 다른 성공 공식이 등장한다. '자신과 타인을 긍정적으로 생각하고 긍정적인 일에 관심을 기울이면 반드시 긍정적 상황을 향해 나아가게 된다.'

마음속에 숨어 있는
꿈을 불러내는 시간

우리는 어떻게든 타인의 가슴에 닿으려 노력하며, 가슴에 담아둔 사람에게 모든 것을 다 내주고 싶어 한다. 그럼에도 정작 자기 가슴 속 깊은 곳에 있는 마음에 다가갈 생각은 하지 못한다. 자신의 마음과 자주 소통한다면 삶이 한결 가볍고 수월해질 것이다. 과연 어떻게 해야 마음속에 숨어 있는 꿈들을 불러낼 수 있을까?

당신은 마음과 이야기를 하겠다는 생각을 해본 적이 있는가? 어떻게 하면 그럴 수 있는지 알고 싶은가? 접근 방식은 아주 다양하다. 자신에게 가장 잘 맞는 방법으로 선택하면 된다. 예를 들어 마음을 향해 이렇게 말할 수도 있다. "내가 앞으로 뭘 할 수 있을지 가르쳐 줘." 안 될 이유가 어디 있는가?

앞서 나는 삶의 올바른 방향이 어느 쪽인지 알아낼 수 있는 방법을 소개했다. 이 장에서는 다른 방법을 하나 더 소개할까 한다. 내가 경로 변경 훈련을 위해 개발한 것으로, 이름 하여 '꿈의 경로 탐색 방법'이다. 이 방법은 총 2단계로 구성된다. 우선, 1단계에서는 자기 마음을 대신하여 당신 자신에게 편지를 쓴다. 대략 이렇게 시작하는 편지가 될 것이다. "사랑하는 나에게(혹은 당신의 이름을 불러본다), 널 만나니 얼마나 반가운지 모르겠어. 내가 너를 위해 어떤 꿈들을 간직해왔는지 네게 들려주고 싶으니까." 당신의 마음이 입을 열자마자 얼마나 많은 꿈들이 쏟아져 나올지, 아마 스스로도 깜짝 놀랄지 모른다.

편지를 다 쓰고 나면 2단계로 넘어간다. 마음이 당신에게 들려준 그 많은 꿈들을 종이에 옮겨 적어 목록을 만든 다음 각 꿈마다 점수를 매긴다. 최고점은 10점이고 최저점은 1점이다. 향후 실천에 옮기고 싶은 마음이 얼마나 강한지에 따라 점수를 매기면 된다. 또 그 꿈이 현실이 되었다는 상상을 할 경우 벅차게 다가오는 기쁨의 강도로도 점수를 가늠할 수 있다.

이렇게 하여 당신은 아주 신속하게 숨은 잠재력에 다가가며, 변화의 방향을 가늠할 감각도 키울 수 있을 것이다. 이 방법은 생활 공동체의 일원을 선택할 때에도 매우 유익하다. 마음의 소리에 귀를 기울이는 법을 배우면 인생의 많은 질곡을 현명하게 피해 갈 수 있을 것이다.

《미 비포 유Me Before You》라는 소설로 베스트셀러 작가의 반열에 오른 조조 모예스Jojo Moyes가 최근 자신의 성공 비법을 소개한 바 있다. 그녀는 이 소설이 나오기 전에도 몇 권의 책을 썼고, 꽤 괜찮은 내용이었는데도 잘 팔리지 않았다. 어떤 상황에서든 그녀의 꿈은 오직 하나였다. 독자들의 마음을 사로잡는 책을 쓰는 것! 그런데 왜 하필이면 이 소설로 그 꿈을 이루게 된 것일까?

조조 모예스는 앞서 몇 권의 책을 쓸 때는 글을 잘 쓰겠다는 생각부터 했다고 말했다. 완벽한 내용과 글 솜씨로 독자들을 사로잡겠다고 욕심을 냈다. 하지만 이 소설은 달랐다. 이 소설은 마음으로 먼저 다가갔다. 글을 쓰면서 주인공과 같이 울고 웃고 화내고 감동했다. 완성할 무렵에는 스스로 이렇게 확신했다. "내가 쓴 책 중 단연 최고야." 물론 출판되기까지 이런저런 장애물을 넘어야 했고 출판사의 수많은 거절을 감수해야 했다. 이 시기 그녀를 붙들어준 것은 부모님께 물려받은 인생의 지혜였다. 바로 '간절히 원하면 무엇이든 이룰 수 있다'라는 믿음이었다. 그녀는 간절히 원했다. 그 어떤 상황에서도, 그 어떤 역경과 어려움 속에서도. 결국 우리는 또다시 성공의 보편타당한 공식을 확인하게 된다.

• 가장 좋아하는 일, 당신의 마음을 사로잡는 일을 하라.

- 꿈을 이룰 수 있다는 의지를 가져라.

- 온 마음을 그 일에 바쳐라.

- 성공할지 못할지 알 수 없다 해도 그 일을 하라.

이 공식을 달리 표현하면 이렇게 요약할 수 있을 것이다. 꿈을 실현하기 위해서는 강한 의지와 투철한 목적의식이 있어야 하며, 자신이 하는 일을 사랑하고, 성공에 대한 보장이 없다 해도 그것을 믿어야 한다. 이 중 하나라도 빠지면 안 된다. 아마 당신도 이제 강한 의지와 투쟁 정신으로 무장하고 의욕에 불타는 수많은 사람들이 왜 목표를 이루지 못했는지 그 이유를 깨달았을 것이다. 그렇다. 뜨거운 가슴이 없다면, 온 마음을 바칠 수 없다면 위대한 성공은 결코 우리를 찾아오지 않는다.

자신의 꿈을 꾸는 사람,
타인의 꿈을 꾸는 사람

내 것이 아닌 꿈이 나도 모르게 슬며시 내 심장에 둥지를 트는 일이 일어날 수 있다. 어디선가 우연히 들었던 소리가 꿈이 되었을까? 아니면 그냥 요즘 인기라는 이유만으로 나도 모르게 내 꿈으로 만들어버린 것일까?

어릴 적부터 꿈꾸어왔던 직업을 실제로 택한 사람이 몇이나 될까? 고등학교 시절 우리 학교에서 공부를 잘한다는 아이들은 대부분 의대를 가겠다고 했다. 부모가 의사가 되기를 원했거나 도저히 성적이 아까워 다른 학과를 선택할 수가 없었기 때문일 것이다. 나는 전혀 그런 부류의 인간이 아니었다. 내 꿈은 유유자적하게 사는 것이었으니까. 늦잠 푹 자고, 읽고 싶은 책 읽고, 보고 싶은 친구나 만나며 사는 것이 나의 바람이었다.

그러나 우리 부모님은 달랐다. 부모님은 은행에 취직하는 것이 내 인생의 꿈이 되어야 한다고 일찍부터 못을 박았다. 내가 혹시라도 딴생각을 할까 봐 고등학교 졸업과 동시에 여러 은행에 적성 시험 원서를 넣기까지 했다. 일단 합격만 하면 은행원 기초 교육을 받을 수 있고, 성적이 좋으면 곧바로 은행에 취업이 되기 때문에 경쟁률이 상당히 높은 시험이었다.

사실 우리 가족은 대대로 은행에서 일했다. 어머니도 은행 직원이었고 아버지도 은행 직원이었으며 심지어 할아버지는 은행장이었다. 부모님은 내게 같은 직업을 이어가길 바라셨던 것이다. 다행인지 불행인지 나는 시험에 합격을 했고 교육 과정까지 무사히 통과했다. 특히 회계를 좋아해서 그 과목에서 두각을 드러냈는데, 소식을 들은 친척들이 모두 놀라 입을 다물지 못했다. 학교 다닐 때 내가 워낙 수학을 못했기 때문이다.

소소한 꿈들은 끊임없이 떠올랐다 사라지고…

나의 진짜 꿈은 은행 직원이 아니었다. 그것은 어머니의 꿈이었다. 어머니는 은행원 교육을 우수한 성적으로 마쳤다. 여자가 그런 수준 높은 교육을 무사히 마치는 것이 당연시되지 않던 시절에 말이다. 안타깝게도 어머니는 너무 빨리 나를 임신했다. 1961년은 어린이집이나 시간제 근무를 생각할 수 있는 시절이 아니었다. 결국 어머니는 아버지가 경력을 쌓아갈 동안 갓난아이를 데리고 집에서 살림을 하거나 공원에서 다른 엄마들과 수다를 떨 수밖에 없었다.

지금 생각해보면 어머니가 왜 나를 그렇게 열렬하게 은행 직원으로 만들고 싶어 했는지 충분히 이해가 된다. 자신의 못다 이룬 꿈을 나를 통해 실현하고 싶었던 것이다. 어쩔 수 없이 어머니의 꿈을 대신 이룬 셈이지만, 뒤돌아보면 은행에서 일한 그 소중한 경험들은 지금의 나를 위한 튼튼한 주춧돌이 되었다. 주춧돌을 다 깔기까지 무려 20년이라는 긴 세월이 걸렸지만 그럼에도 나는 제법 평화롭게 견뎌낸 것 같다.

어쩌면 우리의 진짜 꿈은 우리가 인생을 살아가는 동안 비로소 탄생하는 것인지도 모르겠다. 비교를 할 수 있어야 좋은지 나쁜지 알 것이 아닌가. 직장에서, 남녀 관계에서, 친구 사이에서 좋은 경험, 나쁜 경험을 해봐야 진짜 열정이 고개를 내밀 테고, 그래야 우리가 무엇을 좋아하는지 누구를 좋아하는지 알 수 있을 것이다.

당신의 꿈은 어떻게, 어디서 탄생하였는가? 아이를 많이 낳을지, 학창 시절 동창과 평생 동안 행복하게 살게 될지 '처음부터' 알고 있었는가? 나중에 자라서 공무원이 될 것이라고 아주 어릴 적부터 굳게 믿었던가? 메이크업 아티스트가 된 것은 어릴 적 미술을 좋아했기 때문일까? 어릴 적부터 뉴스라면 사족을 못 썼기 때문에 커서 기자가 된 것일까? 만일 그렇다면 당신은 원대한 꿈을 실천한 사람이 틀림없다. 설사 그렇다 해도 소소한 꿈들은 끊임없이 떠올랐다 사라진다. 그것 역시 행동을 통해 삶의 일부로 만들어야 한다.

꿈을 찾은 사람들의 공통점

지금쯤 당신은 무엇이 당신에게 행복을 주는지 확실히 알았을 것이다. 자신의 마음을 향해 편지를 쓰며 잊고 있던 꿈을 불러내는 방법도 배웠다. 이제 제일 멋진 시간이 돌아왔다. 꿈을 꾸는 연습을 해보는 것이다. 세상의 모든 시간을 끌어모아 꿈을 꾸고 또 꾸어도 좋다. 당신의 상상력에 한계란 없다. 마음껏 상상하고 꿈꾸며 그림을 그려보자. 목적은 단 하나, 당신이 원하는 삶으로 자기 자신을 데려가는 것이다. 마음속 바람을 구체적으로 표현해보자. 그 꿈이 언젠가 현실이 될 것이다.

내 고객들 중에서 성공한 사람들에게는 한 가지 공통점이 있다. 대부분 노트를 갖고 다닌다는 점이다. 이들은 생각날 때마다 노트에 크고 작은 꿈을 기록한다. 브레인스토밍을 하다가도 문득 떠오른 것이 있으면 지체 없이 적는다. 신문이나 잡지에 실린 기사를 오려 붙이거나 직접 찍은 사진을 붙이기도 한다. 이 역시 꿈꾸는 연습을 하기에 좋은 방법이다. 큰 종이에 사진을 다양한 모양으로 붙여 사무실 벽에 거는 사람도 있고, 아예 사무실 한쪽 벽을 비워 온갖 아이디어, 사진, 그림 등을 붙이는 사람도 있다. 어떤 방법이든 좋다. 머릿속에 웅크리고 있던 상상력이 활짝 나래를 펼 수 있도록 지원을 아끼지 말아야 한다.

상상하고 꿈꾸는 능력을 되살려라

이런 시도가 처음에는 어색하고 도저히 못 하겠다는 기분이 들 수도 있다. 그래도 포기하지 마라. 연습을 거듭하다 보면 언젠가는 당신도 상상력의 귀재가 될 수 있다. 인간은 누구나 상상력이라는 재능을 타고난다. 즐겁게 뛰어노는 아이들을 잘 관찰해보면 알 수 있다. 아이들은 상상력을 동원하여 최고의 것을 지어내는 데 귀재이다. 몸은 자기 방 의자에 앉아 있어도 마음은 성에 갇힌 공주가 된다. 때때로 우리 눈에 안 보이는 상상의 친구를 만들어 함께 즐거운 시간을 보내기도 한다.

내 친구의 딸에게는 어릴 적 상상의 남자친구가 있었다. 어디를 가든 그 남자친구를 데리고 다녔기 때문에 나까지 셋이서 즐거운 시간을 보낸 적도 있었다. 물론 그사이 상상의 남자친구는 다른 여자친구를 찾아 떠났고 올해 스물두 살인 친구의 딸은 아마 그의 존재를 기억조차 못할 것이다. 모든 아이들에겐 백일몽의 능력이 있다. 논리적으로 따지면 우리 어른들에게도 그런 능력이 있다고 말할 수 있다. 우리 모두 과거 어느 때인가는 아이였으니 말이다. 연습만 한다면 무난히 그 능력을 다시 일깨울 수 있을 것이다.

모든 게 다 끝났다고 느껴질 때
기억해야 할 한 가지

    어려운 상황에 처한 사람일수록 꿈을 꾸려는 생각을 하지 못한다. 끝 모를 고민이 사슬처럼 머리를 칭칭 휘감는 통에 도무지 다른 것을 생각할 여유가 없다. 하물며 그런 상황에서 꿈을 꾼다는 것은 사치처럼 느껴질지도 모른다.

    얼마 전 그런 고민에 휘감긴 기업가 한 사람이 나를 찾아왔다. 섬유 제조업체 사장으로, 지난 몇 년간 우수한 품질의 제품을 생산하여 큰 이익을 거두었다. 그런데 얼마 전 제조 공정에 문제가 생기더니 그 이후로 불운한 일들이 꼬리를 물고 이어졌다. 제품의 품질이 유지되지 못했고, 당연히 거래처의 항의와 불매가 이어졌다. 날이 갈수록 상황은 악화되어 근심이 이만저만 아니었다. 왜 그는 성공

기업을 꿈꾸었던 예전의 찬란한 꿈을 되찾지 못하는 것일까?

물론 나도 잘 안다. 힘든 상황에선 시야가 좁아진다. 하지만 그 옛날 그에게 추진력이 되어주었던 상상력이 지금이라고 해서 에너지를 발휘하지 못할 이유가 없다. 다만 사장님의 초점은 오로지 업계의 부정적 사례들에만 맞춰 있었다. 그 사례를 증거로 삼아 자신에게도 해결책이 없다고 한탄하였다.

또 한 사람, 꿈을 잃어버린 주인공은 회사가 그를 갖고 놀았다고 굳게 믿는 회사원이다. 회사는 그에게 프로젝트를 성공적으로 마치면 외국 지사로 발령을 내주기로 약속했다. 누구도 맡고 싶어 하지 않는 일이었기 때문이다. 말이 좋아 구조 조정이었지, 그의 손에 많은 회사 직원들이 잘려 나갔다. 회사 사람들이 그를 좋게 생각할 리 만무했다. 그래도 그는 회사의 약속을 믿고 회사에 조금이라도 이익이 되는 쪽으로 열심히 일했다.

그런데 무사히 프로젝트가 끝나자 회사는 언제 그랬냐는 듯 모르쇠를 놓았고 그는 적이 우글거리는 회사에서 하루하루 괴로운 시간을 보내고 있었다. 안타깝게도 그는 왜 회사가 이런 불쾌한 업무를 직접 처리하지 않는지 깊이 고민해보지 않았다. 이제 와 생각하니 자기들 손에 피를 묻히고 싶지 않았을 뿐이었다. 열심히 일해 오명을 다 뒤집어쓴 그를 토사구팽하려는 속셈이었다. 화가 치밀어 올랐고 분노에 치가 떨렸다. 무엇보다 자신이 한심하게 느껴졌다. 그러니 미래를 꿈꿀 의욕이 있겠는가? 그는 꿈과 완벽하게 단절되고 말왔다.

세 번째 주인공은 수잔네이다. 그녀는 어릴 적부터 표현력이 뛰어나다는 소리를 많이 들었고 실제로 몇 년 전부터 유머 넘치는 소설을 써보겠다는 꿈을 꾸었다. 하지만 아쉽게도 나를 마주한 그녀는 어려운 도서 시장을 고려할 때 왜 자신의 꿈이 이루어질 수 없는지 그 이유를 설명하느라 바빴다. 그녀가 되풀이한 걱정은 이런 것들이었다. "안 그래도 서점에 소설이 넘쳐나더라고요. 내 책을 내주겠다는 출판사나 있겠어요? 더구나 직장에 다니느라 시간도 없고, 유머 있게 글을 쓸 줄도 모르고요. 이상하게 나는 썼다 하면 분위기가 침울한 글이 되는걸요. 누가 그런 책을 읽겠어요?" 으흠, 딱 봐도 알겠다. 여러분도 눈치챘을 것이다. 그녀가 왜 이런 말을 늘어놓는지.

자기 치유력이 답이다

어떻게 하면 이 세 사람이 악순환의 고리를 끊고 꿈꾸는 능력을 되찾을 수 있을까? 자기 치유력을 회복시키는 일이 급선무이다. 그러자면 아주 많은 책임과 자제가 필요할 것이다. 동시에 무조건 노력해야 한다. 부정적인 생각의 악순환에 빠진 자신을 발견하거든 얼른 그 고리를 끊고 긍정적인 것에 열중해야 한다.

말이야 쉽지. 어떻게 해야 추락하는 생각을 멈추고 꿈의 엔진을 가동시킬 수 있을까? 내 고객들이 입을 모아 많은 도움이 되었다며 엄지를 치켜세우는 방법이 하나 있다. 바로 '노 브레이크 훈련'이다. 지금 당신이 거실 소파에 앉아 생각에 빠져 있다고 상상해보자. 마음속으로 왜 목표를 달성할 수 없는지 온갖 이유를 곱씹고 있다. 이럴 때 가장 먼저 해야 할 일은 당장 위치를 바꾸는 것이다. 소파에서 일어나 식탁으로, 침대로, 책상으로 걸어간다. 더 좋은 방법은 아예 집을 나와 공원이나 평소 좋아하는 장소로 이동하는 것이다. 그곳으로 걸어가는 동안 이미 생각은 당신에게 유익한 주제로 바뀌고 있을 것이다.

앞서 소설을 쓰고 싶다던 수잔네를 통해 조금 더 구체적으로 이 방법을 알아보자. 수잔네는 한 기업의 생산관리 팀장이다. 팀원들의 능률을 높이고 프로젝트를 추진하여 신속하게 마무리 짓는 능력이 대단하여 회사에서도 알아주는 인재이다. 그녀의 조직력은 부서를 넘어 회사 전체에 소문이 자자하다. 그 수잔네가 지금 공원에서 앞서 설명한 노 브레이크 훈련을 하고 있다. 그녀는 자신이 맡게 될 다음 프로젝트가 무엇인지 떠올리고 어떻게 하면 그것을 신속하고 성공적으로 마무리 지을 수 있을지 고민한다. 당연히 기운이 샘솟고 의욕이 충만할 것이다.

이런 긍정적 상태에서 한 지인이 그녀를 찾아와 소설을 쓰고 싶은데 도무지 엄두가 안 난다고 털어놓는 장면을 상상한다. 그리고 그 사람에게 그녀가 충고를 해준다고 상상한다. 조금 전 자신의 능력을 떠올리며 긍정적 기분에 젖었던 터라 그녀의 머릿속엔 소설 프로젝트를 멋지게 시작하여 끝까지 이어갈 온갖 아이디어들이 반짝인다.

그녀는 상상 속 지인에게 그 아이디어들을 들려준다. 상상의 대화가 끝나면 다른 고민을 다시 이런 방식으로 풀어나간다. 이 방법으로 그녀는 한 번에 여러 마리의 토끼를 잡았다. 첫째, 소설 프로젝트에 접근할 수 있는 다양한 아이디어를 수집했다. 둘째, 부정적 생각의 악순환에서 빠져나왔으며, 셋째로 장차 팀장으로서 회사에서 어떤 일을 할 수 있을지 여러 아이디어를 얻었다. 당신도 이 방법을 시험해보라. 예상 외로 큰 소득을 얻게 될 것이다.

마지막으로 한마디 더 하자면, 생각의 추락이 장기간 계속되거든 혼자 힘으로 어떻게든 해보겠다는 생각을 접어야 한다. 단순히 장소를 바꾸거나 기분 좋은 장소로 자리를 옮긴다고 해서 해결될 문제가 아니다. 즉시 전문가의 도움을 받아야 한다. 망설이지 마라.

변화가 너무 큰일은 아니다

대부분의 사람들은 변화를 꿈꾼다. 그러나 꿈을 실천한다는 상상만 해도 머리가 지끈거린다. 너무 큰일, 도저히 이룰 수 없는 일이라고 생각하기 때문이다. 그렇지 않다. 천 리 길도 한 걸음부터라고 했다. 삶의 경로를 바꾸는 순간에도 그 원칙이 통한다. 빈대 한 마리날뛴다고 초가삼간을 다 태워 없애겠는가? 일단 빈대를 잡아서 편안하고 안락한 환경을 만든 다음 초가삼간을 멋지게 바꿀 대책을 강구해도 늦지 않다. 내 인생에서 행복과 기쁨이 사라진 곳부터 손을 보는 거다. 예를 들면 이런 식이다.

• 집 안 인테리어를 손보거나 가구를 옮겨 편안한 분위기를 마련

한다.

- 상사에게 면담을 신청하여 새 업무를 추가로 맡을 경우 다른 업무는 다른 동료에게 넘겨야 마땅하다고 말한다.
- 부부 심리 치료를 신청하여 현재의 관계를 양쪽 모두에게 득이 되는 관계로 바꿀 수 있는지 알아본다.
- 스타일을 바꾸어 마음의 변화를 밖으로도 알린다.

내 인생에서 기쁨과 행복이 사라진 지점부터 찾아라

하나 더, 간단하지만 효과가 뛰어난 변화로 취미 생활을 들 수 있다. 라틴 댄스건 요가건 글쓰기 강좌건, 관심이 있어 받아놓은 강좌 안내 팸플릿이 벌써 먼지를 뽀얗게 뒤집어쓰고 있다. 아무리 생활이 바쁘다 해도 배우고 싶은 마음이 정말로 간절하다면 어떻게든 시간을 낼 것이다. 특히 번아웃의 증상을 보이는 사람이라면 늘 시간이 없어 미루던 계획이나 꿈을 마침내 시작했다는 사실만으로도 상태가 크게 호전될 수 있다.

휴가도 마음을 어루만지는 마사지이다. 일상과 전혀 다른 환경에 가면 가슴에 저장된 꿈들이 되살아날 수 있다. 긴장을 풀수록, 일상에서 멀어질수록 숨어 있던 꿈이 다시 깨어날 확률도 높아진다. 작은 변화의 발걸음 하나가 우리 안에 숨은 큰 잠재력을 펼칠 수 있다.

몇 년 전 내 고객이었던 한 여성의 이야기를 소개해보자. 그녀는 직업을 바꾸고 싶었지만 직장을 그만두고 처음부터 다시 시작할 엄두를 내지 못했다. 시청 공무원이라는 안정된 직장을 포기할 수가 없었기 때문이다. 그래서 타협안으로 조금 작은 규모에서 변화를 모색하기로 결정했다. 그 직장을 그녀의 가장 큰 능력이자 취미인 케이크 만들기와 어떻게 조화시킬 수 있었을까?

그녀는 주문 서비스 방식을 채택하기로 결정했다. 케이크가 워낙 뛰어난 품질을 자랑했기에 얼마 안 가 사업이 번창하여 직원까지 고용할 정도가 되었다. 일정한 수익이 확보되자 그녀는 시청에 신청하여 반나절 일자리로 바꾸었다. 비록 반나절이지만 급여가 안정적이다 보니 안심하고 사업에 매진할 수 있었다.

꿈을 이루는 방법은 수없이 많다. 군이 지금의 인간관계와 환경을 버리고 처음부터 새로 시작할 필요는 없다. 일단 작은 변화부터 시작하여 조금씩 삶의 질을 높인다면 언젠가는 반드시 크나큰 변화의 꿈에 도달할 수 있을 것이다.

인생의 변화를 모색할 때
내 편으로 만들어야 하는 것

　꿈을 구체적인 목표로 바꾸는 과정에서 가장 큰 장애물은 자신의 비판적 생각이다. 잘 모르는 것은 무엇이든 의심부터 하고 보는 당신의 이성이 꿈이라고 해서 고분고분 참아줄 리 만무하다. 이성은 삶을 어지럽힐 수 있는 모든 것에 맹렬히 저항한다. 당신이 직장을 한번 바꿔볼까 생각만 해도 당장 피켓을 들고 나와 악을 쓰며 안 된다고 소리 지를 것이다.

　설사 당신이 쥐꼬리만한 월급에 허덕인다 해도 소용없다. "다리 밑에서 안 자는 게 어디냐. 빵 부스러기라도 먹는 게 어디냐." 이성은 도리어 이렇게 소리칠 것이다. 사생활이라고 해서 다를 바 없다. 내 고객 실비아의 예를 들어 이성이 의사결정 과정에서 어떤 활약상을 펼치는지 설명해보겠다.

실비아의 가장 큰 바람은 똑똑하고 멋진 남자를 만나 가정을 이루는 것이다. 아이들을 많이 낳는 것도 꿈이었지만 어느새 마흔을 바라보는 나이가 되어 지금은 하나만 낳아도 소원이 없다. 그녀에게 먼저 다가오는 사람이 없었던 것도 아니었지만 이상하게 데이트를 시작해도 석 달을 못 넘겼다.

나를 찾아올 때까지도 실비아는 원인을 전혀 파악하지 못한 상태였다. 원인은 바로 그녀의 이성이었다. 그녀의 이성은 실비아 어머니의 과거 관계들, 특히 어머니가 아버지에게 받은 상처를 디딤돌 삼아 그녀의 데이트가 '진지한 관계'로 발전할 틈만 있으면 즉각 개입했다. 그리고 그녀를 독려하여 말도 안 되는 이상한 행동을 하게 만들었다. 남자들이 화들짝 놀라 물러난 것도 당연했다.

마음이 던지는 경고를 다루는 법

실비아는 이혼 가정에서 자랐다. 여섯 살 때 부모님이 헤어졌다. 아침 눈 떠서 밤에 잠들 때까지 어머니는 아버지 욕을 해댔다. 게다가 기존의 생활 수준을 유지하고 싶었던 어머니는 죽자 사자 일에 매달렸고 부업을 뛸 때도 있었다. 당시 실비아의 이성은 어머니가 제공하는 인생의 지혜를 귀 기울여 들었고, '음흉한 남자들'이 언제 어떻게 그녀를 이용할지 모르므로 만일의 사태에 대비하여 단단히 무장을 하였다. 이제 당신은 어렵지 않게 상상할 수 있을 것이다. 남자를 만날 때마다 그녀의 이성이 얼마나 서슬 푸르게 감시의 눈을 희번덕였을지. 아마 그녀는 자신의 이성과 이런 상상의 대화를 나누었을 것이다.

실비아가 마음에 드는 남자 동료와 첫 데이트를 하러 갔다. 이 동료는 현재 사귀는 여자가 있지만 관계가 이미 끝난 것이나 마찬가지라고 맹세를 했다. 자신은 진즉부터 끝내고 싶었지만 여자 쪽에서 미친 사람처럼 매달리고 있다고 했다. 그의 말이 진실이건 아니건 어쨌든 실비아의 이성이 무대로 나서기엔 기가 막힌 타이밍이었다. 이성이 부드러운 목소리로 속삭였다.

"솔직히 말해봐, 실비아. 너 이런 남자 못 믿잖아. 벌써 끝난 사이인데 여자가 매달린다고? 너무 뻔한 거짓말 아냐? 괜히 한번 집적대는 게 분명해. 어머니가 만날 하던 소리 잊었어? '남자는 다 똑같다. 믿을 수가 없다. 남자가 바라는 것은 딱 하나다.' 주변을 한번 봐. 네 친구들이 어떻게 사는지. 산드라 남친은 주말마다 축구장에서 날을 새잖아. 미나의 남친은 일 중독자라 밤낮 일만 하고, 수잔네의 그 사이코패스 남친은 말해봤자 입만 아프지. 실비아, 이건 아냐. 다른 꿈을 찾아봐. 인자한 남편이니 똑똑한 자식이니 고양이이니 개니, 그딴 건 다 헛꿈이야."

물론 내가 살짝 부풀린 면도 없지 않다. 그러나 말하고자 하는 것은 분명하다. 우리는 절대 이성의 스위치를 완전히 꺼버릴 수 없고, 그렇다면 인생에서 변화를 모색할 때 반드시 그것을 우리 편으로 만들어야 한다는 것이다. 그래야만 우리의 꿈이 인어 공주의 거품처럼 흩어지지 않는다. 어떻게 해야 할까?

당신이 정말로 이성의 목소리를 들을 수 있다면 좋을 것이다. 그 말을 차분히 되돌아보면 이성이 염려하는 삶의 모습이 얼마나 이상한지 금방 알아차릴 테니 말이다. 한 문장 한 문장 따라가면서 이성에게 그의 말이 옳지 않다는 사실을 입증해보일 수도 있을 것이다. 예를 들어 앞서 '남자는 다 똑같다. 믿을 수가 없다'라고 했던 말을 살펴보자.

분명 실비아의 주변에는 행복한 결혼 생활을 하는 사람들도 있을 것이다. 가령 직장 동료 게르트는 결혼한 지 20년이 지났지만 지금도 아내와 다정하게 손을 잡고 데이트를 즐긴다. 모르는 사람이 봐도 그들의 얼굴엔 행복이 넘쳐흐른다. 헬스클럽에서 만난 귀도는 또 어떤가? 그에겐 가정이 최우선이다. 마누엘은 소꿉친구와 결혼을 했는데 아내에 대해 불평을 하는 걸 한 번도 본 적이 없다.

이제 당신은 무엇을 믿겠는가? 실비아가 남녀 문제를 대할 때만이라도 이성을 동지로 만든다면 그녀의 삶은 큰 변화를 겪을 것이다. 실비아의 관점은 인간관계가 줄 수 있는 다양한 기쁨과 행복에 집중할 것이다. 마음속에서 이성이 던지는 경고를 한 문장씩 훑어가면서 그 신빙성을 따져보자. 이 방법으로 많은 우려와 걱정을 걸러낼 수 있을 것이다.

　그래도 해묵은 습관을 고집하고 싶은가? 그것도 결국 당신의 결
정에 달려 있다. 나는 당신이 새로운 관점을 되찾을 것이라고 굳게
믿는다.

내가 망설이고 주저하는
진짜 이유는 무엇인가

앞에서 살펴본 대로 이성은 아주 실용적인 녀석이므로 판단의 기준도 실용적이다. 이성에게 중요한 건 오직 사실, 경제지표, 시간 절약, 지속성, 수익성뿐이다. 다른 것에는 전혀 관심이 없다. 경로 변경 프로젝트가 자신의 '주인'에게 정말 유익한 것인지도 이것을 기준으로 판단한다. 폭포수 같은 감정으로 이성에게 접근하려는 노력은 무의미하다. 이성은 감정을 이해하지 못한다. 판단의 근거가 하나라도 빠진 것 같다는 의심이 들면 이성은 곧바로 브레이크를 밟는다.

우리가 살면서 수집한 인생의 지혜와 신념들은 고스란히 이성의 창고에 저장된다. 예를 들면 이런 것들이다. "우리 집안에선 빚은 절대 안 돼. 카드도 금지야", "우린 정직한 사람들이야. 열심히 노력해서 성공했으니 굳이 남들한테 잘난 척할 필요가 없겠지", "그냥 하던 대로 해라" 등등……. 이성은 신문이나 영화, 소설, 다큐멘터리에서 듣고 읽은 수많은 정보를 가득 안고 있기 때문에 무슨 문제든 척척 대답을 내놓을 수 있다. 그동안 쌓아온 지식의 창고에서 언제든지 필요한 정보를 불러낼 수 있다.

비판의 화살에 대비하라

이제 당신도 이해가 될 것이다. 왜 그토록 많은 사람들이 이성에게 저지당하는지, 변화의 길로 선뜻 나서지 못하고 주저하는지 말이다. 특별히 목적의식이 투철하여 솜씨 좋게 이성을 속일 수 있는 사람들도 있겠지만 한계가 있다. 결국엔 우리 마음속 심판관이 고개를 들이밀고 이런저런 비판의 화살을 날리기 시작한다. 이성의 창고엔 비판의 화살이 넘치고 또 넘쳐나니까.

"너 정신이 있니 없니? 네가 지금 무슨 짓을 한 줄 알아? 정상적인 사람이라면 절대 너처럼 행동하지 않았을 거야. 왜 그렇게 목 좋은 가게가 여태 나가지 않았겠어? 조금만 의심을 했어도 그렇게 덥석 계약부터 하지 않았을 거야. 시청에 전화 한 통만 해봤어도 됐잖아. 그 자리에 도로가 날 거라는데 이제 어떻게 할 거야? 감이 좋았다느니 뭐니 그 따위 소리 앞으로 절대 하지 마. 그런 감상적인 태도

때문에 지금 네가 얼마나 큰 손해를 본 줄 알아?"

이성에게 호되게 야단을 맞고 싶은 사람이 어디 있겠는가? 이런 사태를 미연에 방지하려면 어떻게 해야 할까? 경로 변경에 돌입하기 전에 미리 실제 득과 실을 따져 그 결과를 이성에게 보여주고 동의를 구하는 것이 좋다.

종이를 반으로 갈라 장점과 단점 칸을 만든 다음 원하는 경로 변경의 긍정적 측면과 부정적 측면을 적어보자. 장담하건대 단점 칸에 적힌 우려와 걱정은 대부분 사전에 해결책을 찾을 수 있을 것이다. 물론 골인선을 향해 신나게 곧바로 달려가지 못해서 답답할 수는 있다. 그러나 이런 과정을 거치고 나면 나중에 문제가 생기더라도 이성의 입을 다물게 할 수 있다.

꿈을 혼자 간직해야 할 때가 있다

앞에서 나는 방향을 정할 때 혼자서 힘들 경우 친구들의 도움을 받는 것이 좋다고 말했다. 그러나 꿈이 구체적으로 정해졌을 경우는 사정이 다르다. 꿈의 크기가 크건 작건 마찬가지이다. 일단은 혼자 간직하는 편이 좋다. 꿈의 키가 클수록 겪게 될 변화도 클 것이고 가깝게 지내는 주변 사람들이 그 변화를 마냥 좋아할 리 없다. 집단의 한 사람이 변화를 모색하면 나머지 구성원들에게도 자동적으로 여파가 밀어닥친다. 모빌의 원리와 같다. 하나를 툭 건드리면 옆의 것들이 모두 따라 움직이는 법이다.

내 친구가 바로 그런 변화의 영향을 받은 적이 있다. 친구는 2년 전 2층짜리 집으로 이사를 갔고, 정말 운 좋게도 친구네 아이와 같은 또래를 키우는 마음씨 좋은 부부가 아래층에 살고 있었다. 두 가족은 죽이 척척 맞아서 많은 시간을 함께 보냈다. 필요할 땐 애도 봐주고 여행도 같이 다녔다. 그렇게 2년 동안 서로 의지하며 한 가족 못지않게 살았다. 그런데 아래층 부부가 느닷없이 고향으로 돌아가겠다고 선언했다. 그 소식을 들은 친구는 충격에 빠졌다. 너무나 갑작스러운 결정이었던 것이다. 머릿속이 복잡해졌다. 그들이 없으면 급할 때 누가 애를 봐줄 것이며, 누구랑 휴가를 보낼 것인가? 새 이웃이 지금 이웃처럼 마음씨가 좋을까? 애들이 없으면 우리 아이를 못마땅하게 생각할 텐데. 행여나 시끄럽다고 계속 항의하면 우리도 이사를 가야 하지 않을까?

아래층 사람들도 친구 가족을 아끼고 의지했기에 결정되고 난 후에야 말했을 것이다. 안 그랬으면 며칠 밤을 두고 양쪽 가족이 찬반 토론을 벌였을 테고, 그러느라 진이 빠져 결국 꿈을 포기했을지도 모른다. 미리 말을 하지 않은 것이 더 현명한 행동이었던 셈이다.

훨씬 더 수월한 변화의 발걸음

내가 14년 전 '안정된 직장'에 사표를 던지고 회사를 차리겠다고 선언했을 때 어떤 우려와 걱정이 쏟아졌을지 당신은 상상도 할 수 없을 것이다. 사방에서 들려온 수많은 조언은 안타깝게도 대부분

의욕을 북돋는 내용이 아니었다. 나를 진심으로 아끼는 친구와 지인들의 그 모든 조언을 충실히 따랐더라면 아마 나는 여전히 절망적인 심정으로 책상 앞에 앉아 주식을 사고팔았을 것이다. 물론 그것도 그사이 불어닥친 해고의 격랑에 휩쓸리지 않았을 때 가능한 이야기이다. 하루아침에 일자리를 잃은 그 수많은 증권맨들 중에 내가 포함되지 않았으리라는 보장이 어디 있겠는가.

결국 돌이켜 생각하면 남의 손에 내 목이 잘리기 전에 알아서 사표를 던진 것이 올바른 결정이었다. 절망이 모든 것을 잃을 수도 있다는 공포보다 더 컸던 것이 오히려 득이 되었다. 무엇보다 선의로 이런저런 걱정을 해주었던 주변 사람들의 조언에 흔들리지 않은 굳은 마음이 큰 도움이 되었다. 하지만 애당초 아무에게도 말하지 않았더라면 훨씬 더 수월하게 변화의 발걸음을 내디딜 수 있었을 것이다.

내 마음의 걱정과 싸우기에도 힘든 판에 주변 사람들의 우려까지 더할 필요는 없다. 모든 것이 확실해지기 전까지 꿈을 혼자 간직하는 편이 나을 때도 있다.

꿈을 이루면 어떻게 될지 그려보라

꿈이 한 발 앞서 당신을 기다리는 곳이 있다고? 그 말을 믿을 수 있겠는가? 지금 당신의 꿈이 회사를 나와 당신이 사랑하는 일, 가장 잘할 수 있는 일을 시작하는 것이라고 상상해보자. 당신의 가게가 어딘가에서 당신을 기다리고 있는 것은 아닐까? 멋진 파트너를 만나는 것이 꿈이라면 그 사람이 지금 당신 근처 어딘가에서 당신을 기다리고 있지 않을까?

1999년 사망한 증권 전문가 앙드레 코스톨라니Andre Kostolany는 내가 일하던 은행을 자주 방문하곤 했다. 그는 그때마다 직원들에게 매입한 주식이 오를 것이라고 상상하는 것, 그리고 그것을 믿는 것이 얼마나 중요한지 거듭 강조했다. 그의 말을 우리 주제에 대입시

켜보면 당신의 상상 속엔 꿈만 존재하는 것이 아니라 그것을 이루는 길도 존재한다는 뜻이 되겠다. 동시에 당신은 그저 그 길만 따라가면 된다는 뜻이기도 하다.

정말로 그렇게 간단하다. 먼저 꿈이 있고, 그 꿈을 우리 머릿속 극장에서 상영하는 것이다. 즉, 꿈을 이룬다면 어떻게 될지 그려보는 과정이 된다. 꿈을 세세한 부분까지 꾸미고 장식하는 동안 긍정적 감정들이 피어날 것이다. 기쁨과 기대, 행복과 만족, 균형과 애정의 감정들도 솟구친다. 이 모든 감정이 꿈의 꽃을 피우는 비옥한 토양이 된다. 그러니 최대한 자주 그런 유익한 감정 상태에 젖어들어야 한다.

목표만 집중하여 바라보는 터널 시각

어떻게 하면 될까? 성공한 경영인들의 리더십 도구를 활용하면 된다. 다름 아닌 목표만을 집중하여 바라보는 '터널 시각'이다. 터널 시각이라는 안경을 쓰면 우리 꿈과 관련된 내용만 눈에 들어온다. 이 안경을 망원경으로 활용하여 우리의 꿈이 이미 우리를 기다리고 있는 그 장소를 항상 바라보는 것이다.

나도 이 방법을 자주 사용한다. 예를 들어 새해를 맞이하여 계획을 세울 때면 올해 내가 함께 일하고 싶은 거래처만을 집중적으로 상상한다. 함께 일하고 싶은 대기업, 중소기업의 이름을 떠올리고 내가 쓸 책, 그 밖의 프로젝트들을 계획한다. 그리고 나의 목표가 긍정적인 방향으로 진행되는 상황을 상상한다. 이때 중요한 것은 너무 상세한 부분까지 들어가서는 안 된다는 것이다. 상상의 반경을 충분히 넓게 유지해야 한다.

사업 파트너를 구하는 데 이 터널 시각을 활용한다고 가정해보자. 사업을 함께 하기에 적절한 능력을 갖춘 이가 지금 나타났다고 상상하는 거다. 그럼 자동적으로 원하는 조건을 충족시키지 않는 사람은 후보 대상에서 걸러진다. 성공한 운동선수들도 훈련 과정에서 목표에 도달하기 위해 이 방법을 사용한다고 한다. 당신도 해보자. 꿈이 당신을 기다리고 있는 그곳으로 뚜벅뚜벅 걸어가는 것이다.

꿈을 현실의 삶으로 데려오는 방법

상상력의 가장 좋은 점은 시간과 공간의 제약이 없다는 것이다. 지루하기 짝이 없는 미팅을 하면서도 우아하고 지적인 표정을 지을 수 있다. 다른 사람들이 모두 지쳐 꾸벅꾸벅 조는 동안 당신은 상상력을 이용하여 얼른 달나라로 소풍을 간다. 달에 도착하면 저 아래 지구를 내려다본다. 렌즈의 초점을 지금 한창 미팅이 진행 중인 장소에 맞춘 다음 앞으로도 저런 무의미한 미팅을 하면서 남은 인생을 보내고 싶은지 스스로에게 물어보는 것이다.

잠시 달나라에 오르면 객관적인 시각에서 자신과 타인을 바라볼 수 있어 좋다. 이 지상에서 당신이 그렇게 정신없이 처리하는 일들이 과연 무슨 의미가 있는지 초연히 물을 수 있다.

"왜 값진 네 인생을 저런 한심한 광고 회사에서 썩히고 있는지 잘 모르겠어. 여기서 내려다보니 왜 저런 멍청한 상사에게 '예예' 하면서 사는지 그것도 잘 모르겠어. 당당하게 사표를 던지고 독립한 동료들을 좀 봐. 너도 그들 못지않은 능력이 있는데 왜 망설이는 거야? 벌써 너를 따라가겠다는 고객도 두 명이나 확보해놨잖아. 용기를 내봐. 넌 지금 지구에서 38만 4400킬로미터나 떠나왔어. 여유를 갖고 길게 봐. 오늘만 살고 말 게 아니잖아."

삶이란 이런 모습이어야 마땅하다

하지만 막상 지구로 돌아오면 세상은 여전하다. 온갖 의혹과 두려움, 걱정, 부정적 경험, 제3자의 의견, 용기와 자신감 부족이 당신을 기다리고 있다. 당신을 성공한 동료와 비교해서는 안 되는 수백 가지 이유가 사방에서 달려나온다. 당신은 꿈을 이룰 수 없을 것이라는 둥, 당신에게는 도움을 줄 인맥이 없다는 둥, 당신의 변화가 사랑하는 이들에게 고통을 줄 것이라는 둥……. 온갖 부당한 논리들이 등장한다.

그래도 달에서 내려다봤던 당신의 삶을 잊을 수 없다. 당신은 작지만 알찬 광고 대행사를 설립한다. 깔끔한 거리에 자리한 사무실의 인테리어는 세련미가 줄줄 흐른다. 하얀 책상, 현대적 감각의 사무기기, 유리 책장, 큰 회의실. 당신은 그곳에서 향긋한 커피를 마시며 고객들과 프로젝트를 협의한다. 여유가 넘치며 프로의 냄새가 물씬 풍기는 분위기, 아, 자고로 삶이란 이런 모습이어야 마땅하다.

지구로 돌아와서도 이런 꿈이 가능할까? 왜 안 된단 말인가? 당신이 해야 할 일은 단 하나, 출발뿐이다. 걸음을 떼어놓기만 하면 된다. 헌데 바로 그것이 당신의 문제이다. 당신의 상상력이 온통 광고 대행사로 가는 길을 가로막은 커다란 돌부리만을 향하고 있기에 도무지 발길이 떨어지지 않는다. 그러면 당신은 절대 당신의 이름을 새긴 회사의 문패를 달지 못할 것이다. 용기를 주려는 친구들의 그 어떤 말도 당신의 실패 논리를 이기지 못했다.

그러니 이번에야말로 달라져야 한다. 용기를 내어 걸음을 떼어라. 한 걸음 한 걸음 꿈을 향해 걸어보자. 요즘엔 회사 경영 비법을 알려주는 저렴한 강좌도 많이 개설되어 있다. 조금만 정성을 기울여 찾아보면 당신에게 도움이 될 기회들이 널려 있다. 그 길에 한 다발의 행복이 기다리고 있다는 것은, 굳이 더 말할 필요가 없다.

그럼 이제 어떻게 하면 달에서 가져온 긍정적 사고가 흩어지지 않을지 그 방법을 알아보기로 하자. 당신의 꿈은 반드시 현실이 될 것이다.

상상 속의 꿈을 삶으로 데려오는 방법은 무엇일까? 본질적으로 보면 우리가 직장이나 가정에서 늘 진행하는 보통의 프로젝트와 별반 다를 것이 없다. 일단 네 가지 질문에 대답을 해야 한다. 나의 꿈이나 목표가 이루어지면 내 인생에 어떤 변화가 생길까? 나는 그 변화를 감수할 각오가 되어 있는가? 어떤 장애물이 있어도 계속 앞으로 나아갈 자신이 있는가? 목표에 필요하다면 남의 도움도 마다하지 않을 각오가 되어 있는가? 마지막 세 가지 질문에 "예"라고 대답했다면 이미 첫걸음은 뗀 셈이다. 한 걸음씩 구체적으로 접근한다면 남은 구간도 무사히 마칠 수 있을 것이다.

- 꿈을 이룰 수 있는 목표로 바꾸어본다.
- 이 목표를 잘게 잘라 작은 단위로 나눈다.
- 작은 목표를 실천하기 위해 필요한 당신의 능력과 재능을 적어본다.
- 당신에게 도움을 줄 수 있는 사람들의 이름을 적어본다.
- 작은 목표를 이루기 위해 필요한 구체적인 활동을 적고, 언제까지 처리할 것인지 기한을 정한다.
- 정한 기한 내에 처리했다면 성공을 자축하는 의미에서 자신에게 상을 준다.

- 작은 성공에 취해 정신을 딴 곳에 팔지 않도록 터널 시각을 활용하여 집중한다.
- 매일 조금이라도 시간을 내어 꿈을 떠올리고 갈고닦는다.
- 꿈을 이루기 위해서 무엇이든 하겠다는 각오를 다진다.

너무 겁먹지 마라. 생각만큼 어렵지 않다. 무엇이든 너무 규모가 크면 지레 겁먹고 포기하기 쉬우므로 목표는 최대한 잘게 쪼개고, 필요하다면 과감하게 남의 도움도 청해야 한다. 그렇다고 하루 종일 이를 악물고 용을 써야 하는 것은 아니다. 건강한 수준의 가벼움은 무슨 일을 하건 필요하다. 경로를 변경하는 과정에도 가볍고 여유 있는 자세가 필요하다.

당신은 최선을 다해 열심히 할 일을 하면서도 동시에 한껏 즐길 수 있다. 그래야 성공도 더 빨리 찾아온다. 우연히 마트에서 토마토소스를 고르다 만난 사람이 장차 고객이 될지 누가 알겠는가? 우연히 친구로부터 오늘 밤 친구의 집에서 열리는 파티에 비즈니스계의 저명 인사가 온다는 소식을 듣고 부리나케 달려가 인맥을 확장할 수도 있다.

관심의 초점을 수미일관되게 목표에 맞추면 이를 악물지 않아도, 여유 있게 살아도 스쳐 지나가는 작은 기회를 낚아채어 큰 성과를 올릴 수 있다. 즐겁게, 가볍게, 행복하게, 무엇보다 자신감을 잃지 않고 자신의 능력을 믿는다면 당신은 반드시 목표를 이룰 것이다.

그러므로 거대한 산처럼 쌓인 과제에 지레 겁먹고 물러서면 안 된다. 산을 깎아 낮은 언덕으로 만들어라. 그 정도의 언덕은 행복을 찾아 떠난 모든 사람이라면 누구나 만나는 장애물이다. 당신은 외롭지 않다. 동지들이 넘쳐난다.

잊고 있던 꿈을 다시 일깨우는 데 도움이 될 만한 방법을 단계별로 소개해보자.

초급 단계 : 잊었던 꿈을 되찾아라

아래처럼 종이에 가로선을 긋고 매우 중요했던 사건을 기준으로 과거를 몇 개의 시기로 나눈다. 중요한 사건이 떠오르지 않는다면 임의적으로 나누어도 좋다. 대충 이런 모습이 될 것이다.

```
 ┠─────┼─────┼─────┼─────┨
1990   2000   2005   2010   2015
```

각 시기 별로 당신이 어떤 꿈을 꾸었는지 떠올려보자. 당시 당신은 어떤 기분이 들었는가? 어떤 주제에 골몰했던가? 당신이 그린 미래는 어떤 모습이었는가? 어떤 이상을 품었는가? 그중 실천에 옮긴 것은 얼마나 되나? 생활에 묻혀 유야무야되고 만 이상은 어떤 것인가? 무의식의 창고를 뒤져 잊혀진 꿈을 찾아낸 다음 각 시기 별로 짤막하게 적어보자.

중급 단계 : 지금 당신이 원하는 것을 찾아라

미래의 꿈을 정했다면 굳이 과거로 거슬러 올라갈 필요가 없다. 지금 당장 머리에 떠오르는 생각들을 종이에 적어보자. 누구와 어디서 살고 싶은가? 어떤 사람들과 어울리고 싶은가? 미래의 직장은 어떤 모습일까? 미래의 일상은 어떤 모습일까?

멈추지 말고 한번에 쭉 적는 것이 좋다. 좀 부족하고 비현실적인 것 같아도 개의치 말고 떠오르는 대로 다 적어라. 이 연습의 목적은 당신의 꿈이 마음속 비평가에게 검열당해 다시 무의식으로 숨어버리지 않게 하는 것이다. 그러니 걱정과 근심이 길을 막아도 멈추지 말고 그냥 적어라.

고급 단계 : 이상적인 삶을 구상하라

당신은 작가이다. 소설을 쓰려고 주인공을 구상 중이다. 그 사람은 많은 면에서 당신과 상당히 닮았다. 생긴 것도 비슷하고 나이도 비슷하여 경험도 비슷하다. 그가 어떤 사람인지 그 사람의 꿈과 목표에 초점을 맞추어 구상해본다.

아멜리에는 한창 의욕 넘치는 스물세 살 아가씨이다. 어릴 때부터 오스트레일리아에서 사는 것이 꿈이었다. 가족들은 왜 하필이면 지구 반대편으로 가려는지 이해하지 못한다. 그녀가 사는 동네는 호숫가 작은 마을로 풍경도 좋고 조용하고 인심도 좋다. 왜 그런 곳을 떠나려고 하는 것일까? 그래도 아멜리에는 늘 먼 곳으로 가고 싶었다. 지금까지도 그 꿈을 잊지 않았기에 이제부터라도…….

주인공의 꿈을 상상하는 동안 자신도 모르는 사이 잊었던 당신의 꿈들도 되살아날 것이다. 또 그 꿈으로 향하는 여러 길이 레드카펫처럼 눈앞에 쫙 펼쳐질 것이다. 상상 속 주인공이 하는 일을 당신인들 못하겠는가?

최종 단계 : 이미 이룬 목표를 상기해보라

도표를 만들어 당신이 지금까지 이룬 목표를 전부 적는다. 아주 사소한 것도 좋다. 도표의 왼쪽 칸에는 이룬 꿈을, 가운데 칸에는 그 목표를 이루기 위해 필요했던 능력을, 오른쪽 칸에는 도움을 준 사람들의 이름을 적는다.

성공의 기억은 긍정적 에너지를 방출한다. 아울러 무의식의 창고에 숨은 당신의 꿈을 끌어내 이룰 수 있는 목표로 만들어줄 것이다. 과거에 성공했다면 미래에도 당연히 성공할 수 있다. 그것을 믿어라.

이미 이뤄낸 꿈	꿈을 이루는 데 필요했던 능력	도와준 사람들

---------------------------------- ❖ ----------------------------------

변화에 대한 두려움을 간단히 없앨 수만 있다면 아마 훨씬 더 많은 사람들이 변화를 도모할 것
이다. 안타깝게도 위험이 없는 변화란 없다. 새 길로 발을 들여놓으려면 지금까지 걷던 길을 포
기해야 한다. 그것만으로도 많은 사람들이 주저하게 된다. 두려움은 자신에 대한 신뢰와 사랑이
없을 때 생기는 것이다. 잘해온 것보다 잘하지 못했던 것에만 온 신경을 모을 때, 항상 남과 비
교할 때 생기는 것이다. 당신보다 젊고 날씬한 여자가 하나도 없는 수영장이 어디 있겠는가? 또
그 여자들이라고 해서 정말로 몸에 군살 하나 없겠는가?

두려움이 있는 곳에 새것이 들어설 자리는 없다. 변화를 실천하려면 두려움에 맞서며, 당신의 마
음에서 영원히 두려움을 제거할 방법을 배워야 한다.

3

마음을
행동으로
옮기는 힘

처음부터 다시 시작하고 싶은
충동을 느낀다면

앞 장에서 해결해야 할 과제를 큰 산 하나로 보느냐 작은 언덕 여러 개로 보느냐에 따라 상당한 차이가 있다는 이야기를 했다. 이를 다른 맥락에서 살펴보기로 하자.

어느 순간 삶이 더 이상 행복하지 않다는 생각이 들면 대부분의 사람들은 완전히 뒤집어엎고 처음부터 다시 시작하고 싶다는 충동을 느낀다. 한 방울의 물이 모여 양동이가 넘치듯, 어제까지 아무렇지도 않던 모든 것이 갑자기 싫어지고 혐오스럽다. 그냥 다 버리고 어디 조용한 시골로 내려가 농사나 지었으면 좋겠다. 어제까지 잘 지내던 동료들의 얼굴을 갑자기 똑바로 쳐다볼 수가 없다. 상사가 하는 말마다 귀에 거슬리고 업무 진행 방식도 도무지 성에 차지 않는다. 당장이라도 사표를 던지고 떠나야 할까?

잠깐만! 너무 성급한 결정은 반드시 문제를 일으킨다. 앞에서 갑자기 자기 회사를 팔아치웠던 고객 토비아스가 기억나지 않는가? 사표는 언제든지 던질 수 있다. 그게 급선무가 아니다. 일단 마음을 가라앉히고 직장에서의 현재 상황을 차근차근 되짚어보자. 무엇이 문제인가? 지금 하는 일이라면 눈감고도 처리할 수 있다. 어제도 오늘도 내일도 똑같은 일이다. 매사 지루하고 시들하다. 그렇다고 해서 무조건 사표를 던져야 할까? 아니, 꼭 그래야 하는 것은 아니다.

인생에서 좋은 점, 보통인 점, 불만스러운 점

그보다는 현재의 상황을 아주 정확하게 관찰하고 한 단계씩 점검해보아야 한다. 가장 좋은 방법은 글로 옮겨보는 것이다. 개인적인 부분부터 시작해보자. 우선 종이를 세 칸으로 나누어 인생에서 좋은 점, 보통인 점, 불만스러운 점을 적어보자. 다 적었다면 종이를 한 장 더 꺼내 직업에 대해서도 마찬가지로 적어보자.

좋은 점은 그냥 넘어가도 된다. 굳이 바꿀 필요가 없으니까. 보통인 점은 조금 깊게 생각해볼 필요가 있다. 혹시 큰 노력과 비용을 들이지 않고도 작은 변화를 통해 삶의 질을 눈에 띄게 향상시키는 방법은 없을까? 이렇게 하면 어떨까?

얼마 전부터 몸이 예전 같지 않다. 잠도 많이 자고 식습관도 바꾸려 노력했지만 그래도 뭔가 좋지 않다. 크게 아픈 곳은 없지만 자고 나도 개운치 않고 기분도 안 좋다. 이럴 땐 고민하고 짜증만 낼 것이 아니라 과감하게 병원을 가서 진단을 받아보자. 의사가 크게 염려할 것 없다고 비타민을 처방해줄 수도 있다. 그 비타민을 먹고 몸이 예전으로 돌아올지도 모른다. 한 번의 병원 방문으로 몸도 마음도 눈에 띄게 좋아지고 삶의 만족도 역시 높아질 것이다.

또 다른 예를 들어보자. 당신은 10년 전부터 고기를 끊은 채식주의자다. 그런데 매번 엄마는 풀만 먹고 살면 어떻게 되겠느냐면서 야단을 친다. 음식에 슬쩍 고기를 집어넣어 억지로 먹으라며 강요하기도 한다. 이런 경우 어떻게 다툼 없이 좋은 방향으로 변화를 끌어낼 수 있을까? 다음에는 당신이 먹을 음식을 직접 가져가서 함께 맛보는 게 어떨까? 누가 알겠는가? 가족들이 직접 먹어보고 그 맛에 감탄하게 될지? 함께 채식을 하겠다고 선언하게 될지? 아예 당신 집으로 가족을 초대할 수도 있다. 그럼 식탁에 오를 음식을 당신이 결정할 수 있을 것이다. 장소의 변화는 대화의 변화를 낳고 그것이 뜻밖의 기적을 낳을 수도 있다. 이야말로 일거양득 아니겠는가.

세 번째로 불만스러운 점의 개선이 남았다. 예상대로 가장 품이 많이 드는 단계이다. 다시 종이를 한 장 꺼내 세 칸으로 나눈다. 첫째 칸에는 경제적, 개인적 손실이 너무 크기 때문에 바꿀 수가 없는 점, 둘째 칸에는 외부의 전문적 도움이 필요한 점, 셋째 칸에는 손실을 감수하더라도 용기를 내어 변화를 모색할 점을 적어본다.

이 세 칸의 차이를 조금 더 구체적으로 설명해보자. 첫 번째 칸은 불만스럽지만 지금은 일단 그대로 놔둘 수밖에 없는 것들이다. 불가항력을 용인하는 것도 긍정적인 측면으로 에너지를 집중하기 위한 필수 조건이다. 그런 일을 절대 용납하지 못하는 사람들은 외부의 어떤 개선책에도 항상 똑같은 대답밖에 안 한다. "네, 그렇기는 하지만……." 그래서 어쩌자는 것인가? 용인도 못하고 대안도 없다. 대안 없는 비판처럼 한심한 것도 없다. 혹여 당신도 그런 말을 자주 입에 올리지는 않는가? 포기하는 것도 용기이다.

두 번째 칸에 당신이 적은 내용들은 외부의 조언을 통해 해결할 일이다. 친구나 지인들에게 물어보고, 그래도 안 되면 능력 있는 전문가를 찾아보고, 인터넷을 뒤져 비슷한 상황에 처한 사람들의 의견을 구할 것이며, 서점에 가서 도움이 될 만한 책을 찾아보자.

세 번째 칸에 가장 큰 관심을 기울이자. 여기에는 실제로 변화를 행동으로 옮기는 시나리오가 필요하다. 자신은 물론 타인에게 미칠 손실을 최소화하기 위해 구체적이고 정확한 계획을 짜야 한다.

이대로 놔두면 안 되는 것들이 있다

조금 전 우리는 이대로 놔두면 안 되는 것들을 확인했다. 이제 어디서 변화의 열정을 끌어낼 것인가? 아침에 눈뜨자마자 "아, 오늘 직장을 옮겨야겠다"라고 생각하는 사람은 없다. "오늘 남편을 사막으로 보내버려야지" 혹은 "애들을 잠시, 아니 좀 오랫동안 친구한테 빌려줘야지"라는 깨달음으로 하루를 여는 사람도 없다. 정말이지 천만다행 아닌가. 안 그랬다가는 아침에 눈을 뜨자마자 날 사막으로 데려갈 트럭이 문 앞에서 떡 하니 기다리고 있을 테니 말이다. 상상만 해도 황당한 일이다.

다행히 우리 인간은 그런 존재가 아니다. 그보다는 오히려 뱀을 만난 토끼처럼 꼼짝도 못하고 뱀이 독이 좔좔 흐르는 이빨로 날 물어뜰을 순간만 기다리는 유형이 더 많다. 그나마 뱀이 꿈틀거리기라도 하면 언뜻 정신이 들면서 물리칠 대안이 없을까 잠시 고민에 빠지겠지만, 뱀이 가만히 있으면 하염없이 앉아 기다리기만 할 것이다. 지금 당신도 아마 그런 기분일지 모른다. 따분한 직장, 변덕스러운 상사, 지루한 파트너, 복잡한 인간관계에 지쳐 괴로워도 손가락 하나 까닥할 수 없는 기분. 무엇보다 그런 무기력한 상태가 바로 변화의 필요성을 말해주는 증거이다.

변화의 열정을 어디서 끌어낼 것인가

어떻게 해야 용기와 확신을 끌어내어 불만스러운 상황에서 벗어날 수 있을까? 어떻게 해야 변할 수 없을 것이라는 두려움과 의혹을 딛고 과감히 일어설 수 있을까?

나의 고객 라파엘의 예를 들어 이 과정의 원칙을 설명해보기로 하자. 라파엘은 다국적 기업의 판매 부장이다. 학교를 졸업한 후 지난 15년 동안 정말 열심히 일했으며 모든 승진 기회를 한 번도 놓치지 않고 승승장구하였다. 수많은 위기 상황을 멋지게 타개하여 회사에서 인정받았기에 3년 전부터 외국 지사로 나가 그곳의 판매망을 구축하는 데도 성공했다. 그러나 외국 생활이 편치 않았고 하는 일에서도 성취감을 느끼지 못하는 데다 가족과 떨어져 사는 것도 괴로웠다. 그래도 변화를 꾀하겠다는 생각은 감히 하지 못했다.

왜 그랬을까? 그동안 그는 합리적인 판단으로 인생 계획을 세웠고 그중에는 장기 외국 체류도 있었다. 이 불편한 상황도 결국 그가 의도한 계획의 일부였다. 하지만 대가가 예상보다 너무 컸다. 게다가 그가 외국에 있는 사이 회사 분위기가 그에게 비우호적으로 변했다. 한 동료가 오래 전부터 그의 자리를 노리고 물밑 작업을 벌이고 있었던 것이다.

후회가 밀려왔다. 좀 더 일찍이 마음의 소리에 귀를 기울여야 했다. 사실 이직을 하라는 마음의 소리가 한참 전부터 들려왔었다. 이제야말로 떠나야 할 때였다. 고삐를 쥐고 꽉 움켜쥐고 말을 몰아야 했다. 그는 서둘러 이런저런 인맥을 동원하여 다른 회사를 알아보았다. 면접을 보러 다니면서 그가 지금 회사에서 얼마나 부당한 대우를 받았는지도 알게 되었다. 충격적이었지만 그는 절망하는 대신 더 용감하게 행동에 돌입했다. 변화의 과정에 몸을 실은 것이다.

모든 이에게 변화가 이토록 힘들고 다급한 것은 아니다. 훨씬 더 쉽게, 더 천천히 진행될 수 있다. 사실 촉박하지 않은 경우가 더 많고, 해야 할 일을 목록으로 정리하여 여유 있게 처리할 수 있다. 각자에게 맞는 속도를 정해 작업하라. 가다가 막히거든 브레이크를 밟고 약간의 거리를 두고서 다른 가능성은 없는지 고민해보자. '여유 속에 힘이 있다'고 하지 않던가?

당신은 적어도 20가지 재능이 있다

여행 전에 아무 준비도 없이 출발하는 사람이 몇이나 될까? 등산을 하려면 안전을 위해 등산화부터 지팡이, 등산복, 우비, 모자, 두꺼운 양말 등을 준비해야 한다. 여름에 바다로 갈 때도 수영복, 선크림, 선글라스, 모자 등을 준비해야 화상을 막을 수 있다. 하물며 인생의 경로를 바꾸는 데에야 더 말할 것이 없다. 인생의 경로 변경이라는 여행길에는 과연 어떤 준비물이 필요할까?

일단 당신이 가진 재능을 모두 다 가방에 꾸려야 한다. 정말로 잘할 수 있는 것이라면 모조리 챙겨야 한다. 적어도 20가지는 선별해서 변화의 여정에 동행하라. 사람들은 자기 행동의 부정적 결과부터 보는 경향이 있다. 그럴 경우 사고가 부정적 방향으로 흘러 계획을 선뜻 실행에 옮길 용기를 내지 못한다.

"20가지 재능이라고요?" 당신의 비명 소리가 여기까지 들리는 것 같다. 그렇다. 적어도 20가지이다. 무슨 문제가 있나? 당신에겐 적어도 20가지의 재능이 있다. 여태 겸손한 마음에서 그것을 재능이라 부르지 않았을 뿐이다. 곰곰이 생각해보자. 당신은 행사 진행 능력이 뛰어나다. 또 일을 엄청나게 효율적으로 하며 멀리 보는 혜안이 있고, 위기 대처 능력이 뛰어나며, 매사 현실적이다. 모두들 당신의 조언을 잘 따르며 낯선 사람들과도 쉽게 친해진다. 유머 감각이 뛰어나며 인내심이 강하고 개방적이어서 남의 의견을 잘 수용하지 않는가. 게다가 셰프 뺨치는 요리 실력에 무엇이든 쉽게 잘 배우고 직감도 뛰어나다. 그 정도면 20가지도 금방 채울 수 있지 않을까?

"난 한 번도 성공해본 적이 없어요."

20가지 재능을 가방에 꾸렸다면 다음으로 그동안 살아오면서 당신이 일구어낸 가장 큰 업적 10가지를 챙겨보자. 20가지 재능을 선별할 때와 마찬가지일 것이다. 당신은 한 번도 그것을 남 앞에 자랑해본 적이 없다. 내가 진행하는 워크숍이나 트레이닝 참가자들도 10가지 업적을 적으라고 하면 하나같이 탄식을 토해내며 이렇게 외친다. "그렇게나 많이요?" 그러고는 온갖 질문을 쏟아낸다. "업적이란 게 뭔가요? 개인적인 성공도 포함되나요? 말도 안 돼. 그건 누구나 할 수 없는 거예요. 난 한 번도 성공해본 적이 없어요…….”

당신도 아마 똑같이 말했을 것이다. 그러니 안심하라. 대부분의 사람들이 거의 비슷한 반응을 보인다. 인생에서 정말로 잘한 일, 업적이라고 꼽을 만한 일을 다들 잘 기억하지 못한다. 그럼 한번 찾아보자. 당신의 모든 일상을 조목조목 따져보라. 생애 전부 다 포함된다. 어린 시절 초등학교에서부터 시작하면 된다. 중고등학교를 거치고 대학을 졸업하고 직장에 취직하여 지금까지 어떤 칭찬을 받고 어떤 주목을 받았었나? 운동을 잘했나? 피아노를 잘 쳤나? 노래를 잘 불렀나? 돈을 많이 벌었나? 인간관계가 좋은가? 그동안 무사히 마친 프로젝트가 몇 개나 되나? 당신이 내놓은 아이디어는 무엇이었나?

어떤 이에겐 정말로 함께 하고 싶었던 사람을 곁에 두게 된 것이 인생 최대의 성공일 수도 있다. 또 다른 이에겐 스스로의 힘으로 대학 등록금을 마련한 것이, 혹은 굉장히 좋은 학점을 딴 것이 성공일 수 있다. 혼자 힘으로 창업을 하여 4년 만에 수익을 내는 기업으로 키운 것이 인생 최대의 성공일 수 있다. 마찬가지로 테니스 경기에서 딴 트로피가 최대의 성공일 수도 있다. 무엇이든 다 좋다. 업적 10가지를 챙겨 가방에 꾸려 넣자. 이 변화의 계획이 반드시 성공으로 끝날 것이라는 믿음이 점점 커질 것이다.

승자의 구호가 필요하다

다시 한 번 말하지만 세상을 뒤흔든 성공만이 성공은 아니다. 당신은 자부심을 느끼며 떠올리는 일이 다른 사람들에겐 좋은 기억이 아닐 수도 있다. 예를 들어 나는 학창 시절 엄청나게 게으른 학생이었다. 꼭 필요한 경우가 아니면 절대 공부를 하지 않았다. 그런 내가 입시 때 매우 우수한 성적을 거두었다. 시험을 석 달 앞두고 미친 듯이 공부를 해서 뒤처졌던 부분을 많이 따라잡은 덕분이었다. 그 석 달 동안 나를 지켜보는 부모님과 선생님의 심정은 마냥 좋지만은 않았다. '진작부터 저렇게 공부를 했으면 얼마나 좋아? 왜 꼭 닥쳐서 저 난리를 피워?' 그러거나 말거나 나는 그 경험을 통해 큰 교훈을 얻었다. 시간이 아무리 촉박해도 원하기만 한다면 목표에 닿을 수 있다는 교훈 말이다.

이제 당신에게로 돌아가보자. 당신은 인생의 양지를 선택했고, 그 양지로 가기 위해 당신이 특별히 잘할 수 있는 것을 목록으로 작성하였다. 물론 이 목록은 당신 혼자 간직해야 한다. 다른 사람들에게 자랑하는 것이 아니라 보다 넓은 안목으로 스스로를 평가하는 것이 목표이기 때문이다.

당신이 공기업 직원이고 승진 시험을 앞두고 있다고 가정해보자. 그런데 다른 후보가 그 자리를 노리고 있는 상황이라 단단한 준비가 필요하다. 이제 당신의 목록을 어떤 내용으로 채울 수 있을지 함께 고민해보자.

- 나는 의욕이 넘치고 내 일을 사랑한다.
- 동료들이 나와 일하는 것을 좋아하고 내게 자주 조언을 구한다.
- 다양한 분야에서 밑바닥부터 일해본 경험이 있다.
- 항상 공부를 게을리하지 않으며 꾸준히 능력을 함양한다.
- 어딜 가나 상사들에게 인정받는다.
- 비윤리적 행동을 하지 않는다.
- 일이 많으면 잔업도 마다하지 않는다.
- 일정은 칼같이 지킨다.
- 공감 능력이 뛰어나다.

마지막으로 배낭의 바깥주머니에 승자의 태도를 몇 개 챙겨넣자. 혼자 간직하는 구호나 신념의 말들 말이다. '함께하면 강하다', '내가 시작한 일은 반드시 성공한다', '내 계획은 반드시 성공한다', '감히 날 무시할 수는 없을걸?', '난 건강해질 거야' 등등……

이제 당신도 내가 말하는 승자의 구호란 것이 무엇인지 알았을 것이다. 2014년 월드컵에서 독일은 젊은 인재들, 모범적인 협동 정신, 올바른 승자의 구호로 우승을 거두었다. 브라질로 떠나기 전 젊은 축구선수들의 배낭은 열심히 준비한 온갖 용품들과 마음가짐과 용기로 가득했을 것이다. 이제 당신도 준비해야 한다. 당신의 배낭을 용기와 승자의 마음가짐으로 채워야 한다.

아직까지도 자신의 등불을 남들이 보지 못하게 자꾸만 숨기고 싶은가? 그렇다면 두 가지를 명심하라. 첫째, 그건 바람직한 행동이 아니다. 둘째, 안타깝게도 당신은 아직 변화의 준비가 부족하다. 마지못해 쭈뼛거리며 길을 떠난 사람은 절대 목표에 도달하지 못한다. 등불을 환하게 밝혀라. 모두가 당신을 볼 수 있도록.

약점을 보완하기 위한 긴급조치

최근 내 고객 패트릭이 의기소침한 목소리로 전화를 했다. 회사가 구조조정의 일환으로 그에게 중간관리자 평가 프로그램에 참여하라고 요구했기 때문이다. 패트릭은 업무 능력에서는 나무랄 데가 없는 사람이다. 다만 한 가지 약점이 있다. 자신의 뜻을 말로 잘 표현하지 못한다. 아는 것은 많은데 그 많은 정보와 지식을 설득력 있게 전달하는 능력이 부족한 탓이다.

요즘 들어 그런 그의 약점이 큰 악영향을 미치고 있다. 회사에서 모든 것을 갖춘 인재를 원하기 때문이다. 회사가 원하는 직원은 말도 잘하고 통솔력도 있어야 하며 업무 능력도 뛰어나야 한다. 그중에서도 프레젠테이션 능력이 단연 중요하다. 회사는 당연히 기존 직원들 중에서 원석을 찾아내 잘 갈고닦아 더 가치 높은 보석 중의 보석으로 만들고 싶을 것이다. 패트릭은 자신이 그런 원석이라고 굳게 믿었다. 그런데 갑자기 평가 프로그램이라니! 당황한 그는 최대한 빠른 시간 안에 자신의 약점을 보완할 방법이 없겠냐고 물었다. 나는 긴급조치로 세 가지 방법을 제안하였다.

첫째, 직장인 스피치 교실에 등록한다. 예상치 못한 상황에도 재치 있게, 당당하게 대응하는 방법을 배울 수 있을 것이다. 직장은 물론이고 친구나 개인적인 만남에서도 활용할 기회가 많은 능력이다.

둘째로 나는 프레젠테이션 때 부드러운 인사말로 운을 떼며 이때 약간의 유머를 곁들이라고 충고했다. 예를 들어 이런 식으로 시작할 수 있을 것이다.

"오늘 저는 여러분께 지금까지의 마케팅 활동에 대해 보고하려고 합니다. 다들 아시겠지만 이번 조치는 기대했던 것만큼의 성과를 내지 못했습니다. 그래서 아마 좋지 못한 소식들도 있을 겁니다. 또 제가 말재주가 없다 보니 여러분이 배꼽을 쥘 만한 재미난 이야기를 들려드리지 못할 것입니다. 하지만 우리는 같은 목표를 향해 달려가는 사람들입니다. 저의 보고를 들으신 후 함께 아이디어를 내서 노력한다면 분명 다음엔 더 멋진 결과를 가지고 만날 수 있을 겁니다. 여태까지도 그래왔으니까요. 그렇지 않습니까?"

분명 말주변 없던 그의 변화에 깜짝 놀란 동료들로부터 박수가 쏟아질 것이다.

셋째로 그 분야에서 본받을 만한 롤모델을 세 사람 찾아보라고 충고했다. TV에 출연하는 유명인도 좋고 회사 동료도 좋고 친구도 좋다. 그들에게서 성공적인 소통의 비밀을 찾는 것이다. 가령 첫 번째 사람은 말을 할 때 상대의 눈을 똑바로 쳐다보는 습관이 있다. 두 번째 사람은 상대의 관심사에 즉각 반응하여 상대를 대화에 끌어들이는 재주가 뛰어나다. 세 번째 사람은 어떤 상황에도 여유가 넘치기 때문에 상대방도 마음 편하게 대화에 임하게 만드는 능력이 있다.

물론 플랜 B도 있다. 내 충고대로 해봤지만 도저히 안 될 경우 장기적인 관점에서 이직을 고민해볼 필요가 있다. 많은 사람들 앞에서 프레젠테이션을 할 필요가 없는 직장이라면 굳이 이런 고민을 할 이유가 없을 테니 말이다. 약점을 보완하되 자신이 특별히 잘하는 분야에 관심을 집중해야 한다. 자신도 모르는 사이 새로운 것에 대한 두려움이 사라질 것이다.

지금까지 걷던 길을
미련 없이 포기하는 용기

변화에 대한 두려움을 간단히 없앨 수 있다면 어떨까? 아마 훨씬 더 많은 사람들이 변화를 도모할 것이다. 그러나 안타깝게도 위험이 없는 변화란 없다. 새 길로 발을 들여놓으려면 지금까지 걷던 길을 포기해야 한다. 그것만으로도 많은 사람들이 주저하게 된다. 두려움은 자신에 대한 신뢰와 사랑이 없을 때 생기는 것이다. 잘해온 것보다 잘하지 못했던 것에만 온 신경을 모을 때, 항상 남과 비교할 때 생기는 것이다. 당신보다 젊고 날씬한 여자가 하나도 없는 수영장이 어디 있겠는가? 또 그 여자들이라고 해서 정말로 몸에 군살 하나 없겠는가? 정말로 그렇게 생각한다면 마음의 안경을 잘 닦길 바란다. 지금 당신의 안경은 사물을 똑바로 보여주지 않는다.

두려움이 있는 곳에 새것이 들어설 자리는 없다. 변화를 실천하려면 두려움에 맞서며, 당신의 마음에서 영원히 두려움을 제거할 방법을 배워야 한다. 너무 겁먹지는 마라. 생각처럼 어렵지는 않다. 다만 자신감과 강인한 의지, 상상력, 긍정적인 관점이 반드시 필요하다. 자, 어디서부터 시작하면 좋을까?

내 고객 멜라니는 10년 동안 물류회사에서 근무했다. 그런데 회사가 조직은 물론이고 운영도 너무 방만했다. 그동안 그녀가 별별 개선안을 다 내놓았지만 경영진은 응답이 없었다. 오히려 예전보다 더 방만해지는 것 같았다. 그녀도 더 이상 참을 수 없는 지경에 이르렀다. 그러던 어느 날 문득 예전의 꿈이 떠올랐다. 그녀는 어릴 때부터 식물을 좋아해 꽃집을 차리는 것이 소원이었다. 지금이라고 왜 안 되겠는가?

멜라니는 주말을 이용해 필요한 정보를 수집했다. 마침 은행에 동창이 근무하고 있어서 대출을 받을 수 있는지 여부도 알아보았다. 부동산에 의뢰해 안성맞춤인 가게도 하나 보아둔 상태였다. 그렇게 준비가 척척 진행되어 이제 가게를 계약하고 사표만 던지면 꿈을 이룰 수 있는 상황이었다.

멜라니도 예외가 아니었다. 비슷한 상황에 처한 많은 사람들이 그러하듯 슬슬 마음이 심란해지고 심장이 벌렁거렸다. 시작도 하기 전부터 불안이 엄습해왔다. '손님이 하나도 안 오면 어떻게 하지? 지금 이 작은 도시에 대형 꽃 시장도 있는 데다 꽃 가게가 벌써 세 군데나 되는데 굳이 손님들이 우리 가게를 찾아올 이유가 있을까? 물론 자리 잡기까지 초기엔 다들 어려움을 겪겠지만 과연 언제까지 적자를 보면서 견딜 수 있을까? 시내에 가게를 열었다가 망한 사람이 어디 한둘이었나? 내가 아는 가게만 해도 수두룩한데. 저번에 그 찻집은 그나마 반년은 버텼지만 그 옆 인도 식당은 반년도 못 버텼어. 혹시라도 가게가 망해 빚만 잔뜩 지고 문을 닫는다면 다시 취직할 데라도 있을까? 아무리 한심해도 그냥 이 회사에 있는 게 나을까?'

당신 몫의 결정과 책임을 대신 해줄 사람은 없다. 한 가지만은 분명하다. 두려움과 걱정을 떨치지 못한다면 멜라니의 작은 꽃 가게가 성공할 가능성도 그리 크지 않다. 걱정을 가득 안고 자신감 없이 시작한다면 희망찬 생각과 기분이 들어올 자리도 아주 적을 테니 말이다. 그녀는 자신의 두려움이 정당한 것인지, 과연 어떻게 알 수 있었을까?

우리는 함께 이런 방법으로 점검해보았다. 일단 멜라니에게 걱정

되는 점을 모두 종이에 적어보라고 했다. 그다음에는 각 걱정거리가 비현실적인 근거를 이야기해보라고 했다. 이어 희망적인 점을 적게 했고, 그녀가 가진 재능과 능력, 필요할 때 언제라도 그녀를 도와줄 사람의 명단을 적게 했다. 앞에서 살펴본 대로 멜라니가 관점을 긍정적으로 가질수록 해방을 향한 발걸음을 막으려던 마음속 경고들이 힘을 잃었다. 무슨 해방? 제 마음대로만 하는 상사, 의욕이라고는 없는 회사 분위기, 서로의 심기를 건드리는 대화들, 따분한 업무로부터의 해방 말이다.

우리 모두에겐 자유에 대한 열망이 있다. 내가 어디서 누구와 어떻게 살지 자유롭게 결정할 수 있기를 바란다. 어떤 일을 해서 돈을 벌지 내 마음대로 선택하기를 바란다. 꿈을 꾸고 그 꿈을 실천하는 것보다 더 아름다운 것은 없기 때문이다.

자유로 가는 첫걸음은 자신의 결정에 당당한 태도에서 비롯된다. 자신이 하는 일에 당당하게 책임을 질 때 당신은 예상보다 더 큰 해방감과 뿌듯함을 느낄 수 있다. 책임이 우리를 강하게 만들기에 해방감이 밀려오는 것이다. 하지만 마음속에선 아직 이런 목소리가 속삭일지도 모르겠다.

- 내가 이 모든 것을 감수한 것은 다 너를 위해서야.
- 부모님께 상처를 줄 수는 없어.
- 남편이 이해 못할 거야.

• 나도 어쩔 수가 없었어.

이런 속삭임들은 자기 행동의 책임을 다른 사람에게 떠넘기려는 마음에서 비롯된다. 남편에게, 아내에게, 부모에게, 가족에게, 자녀에게, 회사에게, 노동 시장에, 경제 상황에……. 언뜻 생각하면 그렇게 해서 마음이 홀가분해질 것 같지만 자세히 들여다보면 정반대다. 오히려 그런 태도는 자기 발을 묶는 족쇄가 된다.

가끔은 자신에게
조금 관대해도 좋다

바네사는 정신과 병원에서 일하는 페이닥터이다. 입원 환자가 많은 병원이라서 일도 힘들고 정신적 피로도 큰 데다 생각보다 급여가 높지도 않다. 워낙 일을 잘하고 환자들에게 인기도 좋은 터라 나는 그녀가 당연히 빠른 시간 안에 독립을 할 것이라고 믿어 의심치 않았다. 그러나 바네사는 아예 그런 생각조차 하지 않았다. 이유를 물어보니 남편 때문이라고 했다. 남편이 대기업에 다니는데 매번 승진에서 누락된다며 만일 자신이 남편보다 성공하면 괴로워할 것이라고 했다. 그녀는 남편을 사랑하기 때문에 그에게 고통을 주고 싶지 않다고 했다.

얼마 전 바네사는 대학 선배가 운영하던 정신과 병원을 팔려고 내놓았다는 소식을 들었다. 바네사의 고민이 깊어졌다. 어떻게 하는 것이 옳을까? 남편과 자기 병원, 둘 중 하나를 택해야 했다. 병원을 포기해야 할까? 남편을 설득해야 할까? 어쩌면 이런 고민 자체가 무의미할지도 모른다. 남편에게 사실을 알리면 너무나 흔쾌히 병원을 인수하라고 대답할 수도 있다. 남편은 처음부터 아내를 비교 대상으로 생각하지 않았는데 바네사 혼자 괜한 걱정을 했을 수도 있다.

물론 두려움과 걱정이 무조건 나쁜 것은 아니다. 건강한 비판은 어디서나 필요하다. 예를 들어 어떤 지역에서 연일 강도나 살인 등 중범죄가 발생한다는 신문 기사를 읽었다면 당연히 그 지역은 가게를 열거나 병원을 차리기에 적임지가 아니라고 판단할 수 있다. 매사 신중하고 조심성 있게 판단하는 것이 왜 나쁘겠는가? 다만 너무 과도한 우려와 걱정은 변화의 발걸음을 막고 삶을 쓸데없이 힘들게 만든다.

넘어졌을 때는 일어나면 그만이다

몇 년 전 상당히 난처한 일을 겪었다. 아무리 시간이 지나도 그 일만 입에 오르면 기분이 나빠지고 당시의 상황이 생생하게 되살아난다. 도저히 자신을 용서할 수가 없다. 어쩌자고 그렇게 한심하게, 멍청하게, 약하게, 유치하게 행동했더란 말인가. 어째서 그 자리에서 그렇게 말도 안 되는 소리를 내뱉었을까? 그냥 아무 말도 하지 않아도 될 것을 굳이 왜 그런 실언을 했을까? 나는 도와주려는 의도였는데 결과는 정반대 꼴이 되었다.

올바른 행동을 하지 못했다는 자책감, 적절하게 대처하지 못했다는 후회는 꿈속까지 쫓아와 나를 괴롭힌다. 그러다 매사에 머뭇거리게 된다. 실수를 저지르려는, 두 번 다시 그런 부끄러운 일을 당하지 않도록 막으려는 목소리가 불쑥불쑥 나타난다. 그리고 변화의 계획을 저지하기 위해 이렇게 속삭인다.

"너 정신 나갔어? 정말로 부장님한테 추천서 부탁할 거야? 저번 마케팅 회의 때 부장님이 널 얼마나 비웃었는지 잊었어? 실실 웃으며 네 발표의 문제점을 하나하나 지적했잖아. 물론 네가 잘못했지. 같은 팀 동료가 작성한 파워포인트를 꼼꼼히 살펴보지도 않고 무조건 발표했으니까. 그때 너 어떻게 했어? 얼굴이 빨개져가지고 말까지 더듬거리면서 사과부터 했잖아. 또 창피당하고 싶어? 부장님이 선선히 추천서를 써줄 것 같아?"

이럴 땐 가만히 듣고 있지 말고 얼른 그 목소리를 제지해야 한다. 이렇게 말이다. "그래, 맞아. 그땐 내가 잘못했어. 제대로 대답도 못하고. 그래도 지나간 일이잖아. 이제 와서 어쩌겠어? 앞으로 잘하면 되지. 부장님이 날 어떻게 생각하건 그건 중요하지 않아. 내가 필요한 건 추천서야. 설마 진심으로 부탁하는데 거절이야 하시겠어?"

우리는 모두 자신에게 조금 관대할 필요가 있다. 자신을 너무 엄격한 잣대로 평가하지 않는다면, 좋은 경험이든 나쁜 경험이든 그 모두를 배움의 과정으로 생각한다면 변화의 길도 서슴없이 뛰어들어 성공적으로 마무리할 수 있다. 앞으로도 당신은 여전히 실수를 저지를 것이다. 하지만 그 실수를 통해 교훈을 얻고 한 뼘 더 성장할 것이다. 실수는 저지르라고 있는 것이다. 넘어지는 것도 인생 설계 과정에서 빼놓을 수 없는 부분이다. 넘어지면 다시 일어나 툭툭 털고 가던 길을 계속 가면 된다.

어떤 실수도 용서할 수
없다는 것은 미친 생각이다

　실수를 쉽게 인정하지 못하는 사람들이 의외로 많다. 이를 악물고 완벽을 추구하기에 그 어떤 실수도 용서할 수가 없는 것이다. 모든 것을 자기 손아귀에 넣어야 직성이 풀리고 맡은 일은 150퍼센트 완벽해야 속이 시원하다. 뭐, 2, 3년쯤이야 그렇게 살 수도 있겠다. 하지만 그 이상은 슬슬 몸이 저항을 할 것이다. 밤에도 잠이 안 오고 잠을 자도 개운하지 않으며 머리가 잘 돌아가지 않는다. 휴가를 가도 푹 쉬지 못하고 조금만 계획과 어긋나는 일이 생겨도 어찌할 바를 모르고 허둥거린다. 이 모든 것은 다 내가 하는 일이 전부 완벽해야 한다는 그릇된 믿음 탓이다.

　어디서나 최고가 되어야 하며 어떤 실수도 용서할 수 없다는 이런 미친 생각은 언제 어떻게 어디서 생겨났을까? 학교에서? 한 문제만 틀려도 등급이 확 떨어지는 시험 성적, 1등이 아니면 다 꼴찌나 마찬가지라는 선생님 말씀 때문일까? 그래서 살아남기 위해 완벽을 추구하는 것일까?

아니면 집에서 생겨난 것일까? 무조건 1등만 해서 부모님의 자랑거리가 되어야 해서? 혹은 부모님의 결점을 메워주는 땜질거리가 되어야 해서? 자기밖에 모르는 이기적인 아버지에게 지쳐 어머니가 우울증을 앓았던 가정이었을 수도 있다. 아버지가 알코올 중독이거나, 어머니가 일에 지쳐 늘 피곤했을 수도 있다. 부모의 눈 밖에 나지 않기 위해, 혹은 부모를 사랑하는 마음에서 자기 할 일을 완벽하게 하는 착한 아이가 될 수밖에 없었다. 어떤 사정이건 완벽주의의 드라마는 대부분 아주 이른 시기부터 시작되며, 훗날 어른이 되어서도 쉽게 멈추지 않는다.

완벽해야 할 때, 적당히 넘어가야 할 때

얼마 전 우리 사무실에 똑똑하고 예쁜 여성이 찾아왔다. 만 열아홉 살로 올해 학교를 졸업하는데 어떤 직업을 택해야 할지 고민이라며 상담을 요청한 것이다. 그녀는 행동이 한 치도 흐트러짐이 없었고 말도 아주 조리 있게 했으며 자세도 훈련받은 사람처럼 똑발랐다.

다만 너무 지나쳤다. 셔츠의 단추를 목 끝까지 꽉 채워 뭔가 답답한 느낌이랄까. 여유나 자유, 경쾌함이라고는 찾아볼 수가 없었다. 혹시 직업을 잘못 택할지도 모른다는 두려움이 그녀의 목을 꽉 조이는 듯 했다. 내게 보여주려고 준비한 자료 수준 역시 놀라웠다. 그토록 완벽하게 자료를 준비해온 사람은 없었다.

사실 그런 사람에게 직업을 추천해주기란 식은 죽 먹기다. 온갖 자격증과 재능으로 중무장하여 무슨 일을 맡겨도 척척 해낼 테니까. 정작 문제는 그녀에게 잃어버린 인생의 재미와 자유, 행복을 되찾아 주는 것이었다. 그녀 역시 자신이 만든 코르셋 탓에 힘겹던 참이었 기에 내가 먼저 말을 꺼내자 몹시 기뻐하였다.

그녀의 완벽주의 역시 아주 어린 시절부터 시작되었다. 그녀가 여섯 살 되던 해 어머니가 쌍둥이 동생들을 낳았다. 그런데 대기업에 다니던 어머니는 절대 일을 포기하지 않으려 했다. 그 말은 곧 큰딸 이 맡아야 할 짐이 적지 않다는 뜻이었다. 그녀는 어머니를 대신해 동생들을 챙겼고 집안일을 했다. 자신이 힘들어도 힘들다는 말 한마 디 할 수 없었다. 그래서 늘 완벽한 딸, 완벽한 누나였고 완벽한 학 생이었다.

원인을 찾아낸 후 우리는 힘을 합쳐 그녀의 마음에서 떠들어대는 스피커의 스위치를 돌리기 시작했다. "실수하면 안 돼. 짐이 되어서 는 안 돼"라고 외치는 소리부터 줄였다. 그 말은 지금껏 하던 대로 무슨 일이든 열심히 하겠지만 이제부터는 조금 더 진심으로 자신이 원하는 일에 시간을 투자하겠다는 의미였다. 정말로 즐거운 일, 정말로 행복한 일을 찾아내서 실행에 옮기겠다는 의미였다. 그녀에게 이런 '허가증'은 곧 해방이었다.

당신도 다르지 않다. 완벽주의의 늪에 어느 정도 발을 담갔건 간에 완벽주의 스피커의 소리를 줄여야 한다. 세상만사를 다 내가 해야 한다는 생각을 버려라. 나보다 잘할 수 있는 사람이 세상에 널려 있다. 저 높은 곳에서 당신의 인생을 바라본다고 생각해라. 사사건건 간섭할 필요가 없다. 전체적인 방향이 틀어진다 싶을 때 조용히 내려가 슬쩍 손을 보는 거다. 그래야 몸도, 마음도, 정신도 모두가 행복해진다.

인생을 대충대충 살라는 말이 절대 아니다. 완벽해야 할 때와 적당히 넘어가야 할 때를 잘 판단하라는 말이다. '나는 최선을 다했다. 더 이상은 싫다. 이젠 되는 대로 내버려둔다. 어찌 되건 그게 옳은 것이다.' 이것이 내 인생 좌우명이다. 내가 내 인생을 사랑하는 만큼 내 인생도 나를 사랑한다. 나는 그렇게 믿는다. 그럼 정말로 마음이 편안해진다.

젊은 사람들은 상대적으로 빠른 시간 안에 마음의 장벽을 허물고 홀가분하게 새 인생을 맞이한다. 젊은 나이가 아니더라도 우리가 사는 세상이 완벽하지 않다는 사실을 인정한다면 빠른 변화를 맛볼 수 있을 것이다. 삶의 끝에선 만사를 얼마나 완벽하게 처리했느냐가 중요하지 않다. 삶이 당신에게 진정한 사랑과 행복, 만족을 주었는지가 훨씬 중요하다. 80대 노인들에게 들은 인생의 지혜이다. 당신은 현명한 사람이다. 굳이 80대까지 기다리지 않아도 그런 지혜를 가슴에 새기고 실천할 수 있을 것이다.

집요하게 내 발목을 잡는
무의식의 메커니즘

　다양한 종류의 강박과 두려움에 대해서 이미 이야기했지만, 당신을 원하던 인생길에서 끌어내려 지금 이곳으로 데려온 또 하나의 장벽이 있다. 당신이 지금 있는 이곳, 따분하고 불만스러운 관계, 지루하고 스트레스 쌓이는 직장, 함부로 말하는 상사, 제멋대로인 동료가 설치는 이곳으로 당신을 데려온 장벽.

　당신은 지금 행복하지 않다. 친구를 만날 때나 콘서트에 가거나 야구장에서 목이 터져라 응원할 때면 언뜻 행복의 숨결이 목덜미를 스치는 것도 같지만 이내 돌아온 일상은 흐리고 우울하기만 하다. 그렇다면 이제라도 정신 차리고 지금껏 당신이 그토록 꿈꾸던 그 삶을 가로막았던 훼방꾼의 정체가 무엇인지 잘 살펴보아야 할 것이다.

가장 눈에 띄는 것이 우리 스스로가 프로그래밍한 파괴적인 재앙의 데이터이다. 컴퓨터라면 클릭 한 번으로 싹 지울 수 있겠지만 마음속 데이터는 그렇게 간단히 없앨 수가 없다. 또 컴퓨터처럼 검색 기능으로 쉽게 찾아낼 수 있는 것도 아니다. 여러 데이터가 서로 뒤섞여 독배의 칵테일이 되는 바람에 구분하기도 힘들다. 어쨌거나 이런 데이터들이 마음에 숨어 당신의 갈 길을 가로막는다. 독배의 칵테일에는 이런 내용물들이 들어 있다.

- 아무리 좋은 비법도 나한테는 안 통해.
- 나는 양지에서 마음 편히 살 팔자가 못되나 봐.
- 학교 다닐 때도 못한 것을 직장에선 하겠어?
- 우리 엄마가 늘 입버릇처럼 말하잖아. 어떤 남자가 너 같은 걸 좋아하겠냐고?
- 내 성격이 워낙 소극적이니까 불이익도 감수하는 수밖에 없지 뭐.
- 우리 가족은 원래 다 그래.
- 내 상사처럼 거만한 사람은 싫어. 저렇게 되느니 차라리 승진 안 할래.
- 열심히 살다 보면 언젠가 성공하겠지.
- 나보다 잘난 사람이 얼마나 많은데 그래.
- 나는 투사 체질이 아냐.
- 생겨 먹은 게 이런데 어떻게 바뀌겠어.

이런 유익하지 않은 마음의 메시지들을 낱낱이 드러내는 이유는 변화를 방해하는 무의식의 메커니즘이 어떤 것인지를 당신이 조금이나마 짐작하도록 돕기 위해서이다. 부정적인 마음속 데이터를 삭제하려면 그것과 결합된 감정도 함께 없애야 한다. 이런 메시지들은 대부분 프로그래밍될 당시 심한 열등감이나 복수심을 동반하기 때문이다. 어떻게 하면 될까? '이제 그만!' 버튼을 누르면 된다.

스스로 만든 감옥을 부숴라

가장 먼저, 스스로 만든 감옥을 부수겠다는 결심을 해야 한다. 벌써 몇 년째 똑같은 상황으로 괴로워했다면 언젠가는 자기도 모르게 이런 말이 튀어나올 시점이 올 것이다. "이젠 됐어. 이 정도면 충분해. 재주는 내가 부리고 돈은 남이 벌고, 책임은 내가 지고 공은 딴사람에게 돌아가고. 더는 못 참겠어."

결심과 동시에 감정이 솟구칠 것이다. 그동안 차곡차곡 쌓아두었던 분노가 치솟을 것이다. 당신은 숨을 크게 들이쉬고 내쉬며 마음을 다스린 다음 마침내 힘을 모아 변화를 모색할 것이다. 그동안 몇 번이나 갈까 말까 망설였지만, 마침내 자리에서 일어나 상사의 방을 찾아갈 것이고 지금까지의 모든 상황을 숨김없이 털어놓을 것이다.

목소리가 떨리고 얼굴이 흥분으로 빨개진다면 이런 설명을 덧붙여도 좋다. "제가 너무 흥분한 것 같습니다만 너무 오래 참아왔기 때문에 저도 제 감정을 주체하기가 힘듭니다."

나를 믿어라. 아마 결과에 깜짝 놀랄 것이다. 화산의 용암이 밖으로 솟아나와 흘러넘치듯 당신의 분노도 당신 밖으로 터져나올 것이다. 그와 더불어 그때까지 당신의 발목을 붙들던 온갖 부정적인 신념이 저절로 다정한 모습으로 바뀔 것이다. 지금까지 "우리 가족은 다 그래"라고 외쳤다면 이제 "정말 그럴까? 난 달라"라고 외칠 것이다. 여태 "나보다 잘난 사람이 얼마나 많은데 그래"라고 외쳤다면 이제 "잘났으면 얼마나 잘났겠어. 나도 만만치 않아"라고 외칠 것이다. 부정적인 데이터가 한순간에 긍정적 데이터로 바뀌는 것이다.

"그건 그렇지만······"이란 말이
왜 위험한가

앞서 말한 재앙의 데이터 못지않게 나쁜 영향을 미치는 것이 바로 다들 너무나 좋아하는 말, "그건 그렇지만······"이다. 트레이닝을 하면서 단 하루도 이 말을 안 들은 적이 없다. 어떤 고객이든 반드시 누군가는 이렇게 말한다. 내가 열정을 다해 설득하고 또 설득해도 반드시 누군가는 이 말을 하고야 만다.

왜 그토록 많은 사람들이 이 말을 입에 올리는 걸까? 왜 그토록 많은 사람들이 머뭇거리고 망설이는 것일까? 왜 행복한 인생보다 공포의 시나리오를 상상하기가 더 쉬운 것일까? 우리의 이성이 불쑥 튀어나와 걱정과 우려의 온갖 레퍼토리를 의식으로 쏟아내기 때문이다. 당신이 지금 그런 단계에 있다면 아마 누구보다도 "그건 그렇지만……"의 메시지를 잘 알고 있을 것이다. 어느날 친구가 전화를 걸어 자기가 아는 회사에 자리가 하나 생겼는데 딱 당신이 적임자라며 지원해보라고 권한다. 연봉도 더 높고 처우도 더 괜찮은 데다 평소 당신이 원하던 분야라고 말이다.

대부분의 사람들이 그런 상황에서 뭐라고 대답할 것 같은가? 맞다. 이렇게 대답한다. "아, 정말 나랑 잘 맞을 것 같네. 그렇지만 그 회사가 왜 나 같은 사람을 뽑겠어?" 그 말을 듣는다면 나는 당장 이렇게 되물을 것이다. "왜 널 안 뽑아? 널 안 뽑으면 누굴 뽑겠어?" 당신이 그런 식으로 가능성의 시장에 아예 얼굴을 들이밀지 않는데 어떻게 그 회사가 당신을 뽑겠는가? 당연히 눈에 보이는 사람부터 뽑을 것이다.

내 삶을 바꾸는 긍정적인 언어

조금만 용기를 내어 "그건 그렇지만……"의 장벽을 뛰어넘는 다면 어떨까? 잃을 것이 무엇인가? 당신은 잃을 것이 없다. 이성이 초 단위로 나타나 비판과 의혹을 제기한다면 이 방법으로 그것의 논리를 물리쳐보자. 이성이 내놓는 모든 "그건 그렇지만……"의 논리를 종이에 적는다. 각 항목마다 변화를 지지하는 반대 논리, 이성의 말과 다를 수 있다는 증거들을 적어보자. 이성이 마침내 포기하고 항복의 깃발을 흔들 때까지 지치지 않고 계속 반대 논리를 들이대야 한다. 이성의 양식을 다 빼앗아버리면 이성은 그 아픈 경험을 교훈 삼아 다음 변화에선 훨씬 더 고분고분해질 것이다.

어떻게 해야 이성의 양식을 빼앗아버릴 수 있을까? 당신의 언어 창고에 이런 긍정적인 표현들을 차곡차곡 쌓아두면 된다.

- 문제없어.
- 좀 힘들겠지만 그래도 괜찮아.
- 당장 해보자.
- 그 정도는 누워서 떡 먹기야.
- 할 수 있어.
- 좋은 생각이야.
- 하고 싶다.
- 내 뜻대로 될 거야.

오늘부터라도 자신이 쓰는 언어를 유념해서 잘 들어보라. 아마 부정적인 표현이 적잖이 눈에 띌 것이다. 성공을 지향하는 긍정적인 언어를 자기 것으로 만드는 아주 간단한 방법이 있다. 그런 단어와 문장을 목록으로 작성해서 의식적으로 자주 사용하려 노력해보라. 아마 얼마 안 가 행동과 태도에도 변화가 나타나기 시작할 것이다.

물론 부정적인 표현을 전혀 쓰지 않을 수는 없다. 상황에 따라 써야 할 때는 써야 한다. 특히 긴장하거나 스트레스가 심한 날일수록 자신도 모르게 그런 표현들이 툭툭 튀어나온다. 다만 그 이상은 안 된다. 부정적 표현이 일상의 언어를 점령하도록 내버려두지 말라. 긍정적이고 건설적인 표현으로 당신의 일상까지 바꾸자.

안 되는 것은 안 되는 것이다

소용없다는 것을 잘 알면서도 어떤 행동을 고집하는 사람들이 적지 않다. 똑같은 행동은 결국 똑같은 결과를 낳을 것이 뻔한데도 그 행동을 바꾸지 못하는 것이다. 내 여성 고객들 중에는 만남과 이별에 지쳐 이제는 진정한 짝을 찾아 정착하고 싶다는 사람이 많다. 지금껏 늘 '똑같은 짓'으로 똑같은 관계를 반복했던 사람들이다. 그 똑같은 짓이란 대체 뭘까?

그들은 애인을 잃고 싶지 않은 마음에 하고 싶지 않은 것도 마다하지 않았다. 폐쇄공포증이 있지만 남자친구가 좋아한다는 이유로 꾹 참고 매일같이 어두운 술집에 다녔다. 산 채로 뜨거운 물에 집어넣어 죽이는 요리법이 구역질나도 바닷가재를 먹었고, 영하 5도의 축구장에서 보나마나 질 것이 뻔한 팀을 응원하느라 목이 쉬었다. 그래서 얻은 것이 무엇이었던가? 고열과 감기밖에 없었다. 남자친구와 아침 시간을 같이 보내기 위해 정형외과 의사의 경고를 무시하고 조깅을 시작했고 그 대가로 하이힐을 포기하고 운동화를 신는 신세가 되었다.

이런 짓을, 아니 그보다 더한 짓도 한다. 잡은 물고기를 놓칠까 봐 걱정스러워서이다. 그 모든 희생의 대가는 그리 많지 않다. 왜 그럴까? 진짜 괜찮은 남자라면 상대가 자기 때문에 하고 싶지 않은 일을 억지로 하는 것이 바람직하지 않다고 생각한다. 남녀 관계에도 타협은 필요하지만, 자신을 포기하거나 희생할 필요는 없다.

자신을 포기하지 않은 탓에 당장은 남자친구를 잃을 수도 있다. 하지만 일방적으로 희생을 강요하는 남자라면 어차피 당신에게 득이 되지 않는다. 진짜 짝을 찾기까지 조금 더 오래 기다려야 할 수도 있겠지만, 무조건 희생하는 태도를 버리고 나면 지금껏 보지 못했던 진짜 보석 같은 사람이 당신의 시야 내로 들어올 것이다. 금방 눈에 띄지 않지만 자세히 보면 매력이 넘치는 사람, 필요할 때 곁에 있어주는 사람, 자신감 넘치는 여자를 사랑할 줄 아는 사람. 자, 과감하게 변화를 꾀하자. 여태까지 전혀 소용이 없었던 행동 방식을 굳이 붙들고 늘어질 필요가 있을까?

변화를 힘들어하는 사람들은 대부분 과거를 찬양하는 경향이 있다. 아름다운 추억에 매달리고 순탄했던 시절로 돌아가고 싶어 한다. 좋았던 옛 시절이 결코 돌아오지 못하리라는 것을 잘 알면서도 그 시절을 되돌리기 위해 사력을 다한다. 내가 보기엔 가망이 없는 노력이다. 왜? 세상만사는 변한다. 사람도, 상황도, 환경도 끝없는 변화의 물결에 휩쓸린다. 우리는 시간을 되돌릴 수 없다. 그러나 미래를 행복한 방향으로 바꿀 능력은 있다.

내 고객 리사도 옛 시절을 찬양하는 부류이다. 얼굴도 미인이고 똑똑하여 20대 중반에 팀장으로 승진한 인재였다. 지금으로부터 약 24년 전 그녀는 지금의 남편을 만나 가정을 이루었고 똑똑한 아이들을 둘이나 낳아 훌륭하게 키웠다. 직장은 그만두었지만 승승장구한 남편 덕에 경제적으로도 전혀 어려움이 없었다. 그런데 리사는 지금 너무나 불행하다. 온몸이 구석구석 안 아픈 데가 없고 우울증도 심하다. 그녀가 바라는 것은 단 하나, 남편이 지금과 전혀 달랐던 그 시절로 되돌아가는 것이다.

바로 이것이 문제의 핵심이다. 리사의 남편은 성공에 도취하여 일 중독에 거만하고 자기밖에 모르는 안하무인으로 변해버렸다. 가정에서도 무조건 명령식이고 아무도 그의 뜻을 거스르면 안 된다. 리사는 남편을 예전으로 돌리기 위해 온갖 노력을 다했지만 소용이 없었다. 그렇다고 지금의 남편을 인정하기도 싫다. 결국 그녀는 좋았던 옛 시절만 붙들고 살면서 절대 현실을 인정하려 하지 않는다. 그러니 어떻게 고개를 들어 미래를 바라볼 수 있겠는가?

같은 상황인데도 전혀 다른 행동으로 행복을 찾은 고객도 있다. 스베냐 역시 어린 나이에 결혼을 해서 가정을 꾸렸고 아이들을 키우고 멋진 집을 장만했다. 투자 은행에서 일하는 남편 덕에 경제적인 어려움은 전혀 없었지만 그녀의 남편 역시 성공에 취해 점차 안하무인이 되었다. 결국 과거의 친구들이 하나둘 그들을 떠났고 그녀 역시 리사처럼 온갖 병을 달고 살며 하루하루 시들어갔다. 하지만 스베냐는 리사와 달리 용기를 내어 황금 새장을 박차고 나왔다. 예전처럼 큰 집에서 풍족하게 살지는 못하겠지만 그녀는 기꺼이 감수했다. 여생을 행복하게 살고 싶었기 때문이다. 얼마 후 그녀는 우연히 길에서 20년 만에 초등학교 동창생을 만났고, 그를 통해 멋진 남자를 소개받았다.

아, 벌써 당신의 푸념이 들려온다. "그 여자는 운이 좋았던 거고, 보통 사람들은 그렇지 않아." 정말 그럴까? 100퍼센트 확신할 수 있나? 그 무엇도, 그 누구도 막지 않는다. 직접 시험해보라. 당신 인생에서 최고의 순간은 과거가 아니라 미래에 있다.

장벽이 나타날 때마다 해야 할 말

소파에 앉아 리모컨을 돌리면서 감자칩을 맛나게 먹는다. 상상만 해도 행복이 밀려온다. 그러나 며칠 후 새로 산 바지가 들어가지 않는다. 살 때 조금 낀다 싶었지만 이 정도까지는 아니었는데……. 판매원이 착각해서 한 치수 작은 것으로 주었을 확률은 높지 않다. 아, 결국 감자칩과 소파 탓이란 말인가. 당신의 '안락지대'인 소파에서 내려와 가입만 해놓고 한참 동안 안 나간 헬스클럽으로 걸어가야 할 때다.

편안한 소파만이 아니다. 당신 곁엔 다양한 형태의 안락지대가 있다. 그 모두의 공통점은 너무 안락해서 도저히 벗어날 수가 없다는 것이다. 편안함은 벗어날 용기를 무너뜨리고 자꾸만 발목을 붙들어버린다.

새 인생으로 가는 길엔 항상 망설임과 방해꾼, 적군이 있기 마련이다. 다른 사람들이 감히 실행하지 못한 일을 당신이 과감하게 실천에 옮겼기 때문이다. 그러므로 당신을 방해하고 포기시키려는 시도가 있을 수 있음을 유념해야 한다. 당연한 과정이고 또 대부분 당신을 미워해서 그러는 것이 아니다. 설사 당신을 미워하는 사람이 있다고 해도 그게 뭐 대수인가? 어떤 장벽이 나타나더라도 끝까지 변화를 고수할 방법이 무엇인지만 알면 된다.

당신 주변에도 말끝마다 이렇게 덧붙이는 사람들이 있을 것이다. "그랬어야 했는데", "내가 10년만 젊었어도", "이젠 너무 늦었어" 등등……. 그런 말을 하는 사람들은 대부분 좌절하고 체념한 사람들이다. 이런저런 일을 도모했으나 얼마 못 가 다시 중단하기를 수없이 반복하다 결국 포기하고 만 사람들이다. 하지만 당신은 그렇게 끝나지 않을 것이다. 이 책을 읽기 시작한 이후 당신은 변화의 여행길에 올랐다. 잃어버린 꿈을 다시 붙들어 삶을 변화시키겠다고 결심했다. 이제 남은 것은 단 하나, 그 결심을 끝까지 지키는 것이다.

모든 시작이 그렇듯 처음엔 열정이 크다. 그 열정은 긍정적인 피드백이 돌아올 때 오래 유지된다. 오랜만에 만난 친구가 이렇게 외친다. "어머, 너 얼굴 정말 좋아 보인다." 그럼 당신은 신이 나서 이렇게 대답할 것이다. "나 식생활 개선했잖아. 채식하고 운동하고 하루에 물 2리터씩 마시고. 네 말을 들으니 앞으로도 열심히 해야겠다는 생각이 드는걸." 그런 긍정적 반응에는 누구든 의욕이 치솟을 것이다. 반대로 이렇게 말한다면 어떨까? "너 어디 아프니? 얼굴이 완전 해골이야. 요즘 제대로 안 먹니?" 그럼 당신도 은근히 걱정이 되면서 잘하고 있는 게 맞나 자문하게 된다.

잊지 마라. 인간의 인식은 항상 주관적이다. 당신이 하는 행동이 마음에 드는 사람이 있는가 하면 그렇지 않은 사람도 있다. 중요한 것은 단 하나, 올바른 선택을 했다는 스스로의 확신뿐이다.

시작할 때의 열정을 오래 유지하는 법

장벽이 나타날 때마다 항복했더라면 나는 여전히 삶의 의욕을 다 버린 채 우울한 은행 직원으로 살았을 것이다. 14년 전 매니지먼트 트레이닝 회사를 차렸을 때 나 역시 이 치열한 시장에서 살아남기가 여간 힘들지 않았다. 주식거래인으로서 하루 수백만 유로를 만지며 산전수전을 다 겪은 경험도 크게 도움이 되지 않았다.

사실 회사를 차리는 것은 제일 쉬운 일이다. 사업자등록만 하면 된다. 진짜 문제는 내게 전화를 걸어 자기 회사 직원들의 트레이닝을 해달라고 부탁하는 사람들, 특히 유명한 기업의 인사 담당자들이 없다는 것이었다. 하긴 그들이 왜 내게 전화를 걸겠는가? 내가 회사를 차렸다는 사실도 모를 텐데. 다행인지 불행인지 나는 금방 사태 파악을 했다. 이대로 가다간 얼마 못 가 자금도 바닥을 드러낼 것이다. 계획을 견지하려면 뭔가 특단의 조치를 취하지 않을 수 없었다.

나는 인맥을 쌓기 위해 전국을 뛰어다니기 시작했다. 사람이 모이는 곳이라면, 업계의 만남이 있는 곳이라면 가리지 않고 달려갔다. 처음엔 이름을 알리려는 목적에서 무료 강의도 마다하지 않았다. 열심히 하다 보면 업계의 문이 열리리라 기대하며 밤낮을 가리지 않고 일했다. 물론 간간히 문이 빼꼼 열리기도 했지만 미처 내가 빠져나가기도 전에 다시 닫히고 말았다. 업계 경쟁자들은 우아하게 나를 밀어내기 위해 사력을 다했다. 내가 맡기로 확정됐던 강의가 사흘 전에 '사장님 친구 강사'한테로 넘어가는 일도 허다했다. 말로야 대형 은행에서 증권 업무를 했다지만 어디서 굴러먹다 왔는지도 모를 컨설턴트 따위를 신경 쓸 사람은 없었다. 내 워크숍 참가자가 강의 내용을 복사하여 자기 이름으로 써먹거나, 내 웹 사이트를 뒤져 정보를 캐는 경우도 있었다.

목표를 정하면 그렇다. 목표가 높으면 도전도 크다. 목표가 낮으면 도전도 작다. 나는 목표를 높이 세웠다. 3년 안에 내 사무실을 건실한 회사로 키우리라! 목표가 높았기에 도전도 컸지만 나는 그 목표를 이루었다. 다 팽개치고 포기하고 싶은 유혹이 하루에도 몇 번씩 치밀어 올랐다. 아무리 일어나도 다시 바닥에 내팽개쳐지는 그런 기분이 누군들 좋겠는가. 나 역시 힘들었다. 그럼에도 내가 꿋꿋하게 내 사업에 대한 이상을 고수한 것은 확신을 끝까지 밀어붙인 불굴의 의지 때문만은 아니었다. 포기하면 다시 예전 회사로 돌아가 반쯤 미친 상사를 보고 살아야 한다는 끔찍한 상상의 시나리오 덕분이었다.

경로 변경에 성공한 위대한 여성을 한 사람 더 소개할까 한다. 아마 다들 알고 있을 것이다. 나도 프랑크푸르트와 타우누스(여주—독일 중부, 헤센 주 남부의 산지) 뒤편에서 오래 살았던지라 직장의 인맥과 친구들을 통해 그녀의 이야기를 자주 전해 들었다. 어떤 여성 작가가 손수레를 끌고 서점을 찾아다니며 자기 책을 판다는 소문이었다. 몇 년 후 그녀는 독일 최고의 미스터리 여왕으로 등극했다. 《백설공주에게 죽음을》이라는 작품을 쓴 넬레 노이하우스Nele Neuhaus이다.

그녀는 남편의 고기 도매 회사에서 일하는 틈틈이 소설을 쓰기 시작했다. 남편이 다 소용없는 짓이니 그만두라고 설득해도 끝까지 포기하지 않았다. 원고에 관심을 보이는 출판사가 하나도 없어도 포기하지 않았다. 끝까지 꿈을 지켰고 자기 힘으로 새 인생을 일구어냈으며 비판에 당당하게 대처하는 방법을 찾아냈다. 그 덕분에 그녀는 지금 그녀의 말마따나 자신을 비추는 스포트라이트를 행복하게 즐기는 중이다.

무엇이 당신의 계획과 변화의 희망, 목표를 고수하도록 도와줄까? 진심에서 나온 열정과 강한 자신감, 자기애가 있어야 한다. 내 인생의 변화가 나뿐 아니라 다른 사람들에게도 득이 될 것이라는 확신도 필요하다. 당신이 행복하면 가까이 있는 사람들도 행복할 테니 말이다. 당신의 편이 되어줄 사람들을 최대한 많이 곁에 두는 것도 좋은 방법이다. 당신을 자신처럼 사랑해주는 사람들, 넘어질 때면 붙들어주고 당신을 당신 못지않게 꿋꿋이 믿어줄 사람들을.

새 인생으로 가는 길에 나타난 첫 장애물을 무사히 넘었다면 그다음 장애물들은 더 높고 더 험난해도 자신감 있게, 당당하게 넘을 수 있을 것이다. 길모퉁이에서 당신을 노리는 두려움들도 거뜬하게 물리칠 수 있을 것이다. 그리고 기쁜 마음으로 변화를 실천할 수 있을 것이다. 나를 믿어라. 노력이 결코 헛되지 않을 테니!

포기하지 않는 '연습'이 필요하다

포기하지 않으려면 '연습'이 필요하다. 무無에서는 아무것도 나오지 않는다. 베스트셀러 작가이자 기자인 말콤 글래드웰Malcolm Gladwell은 저서 《아웃라이어Outliers》에서 남보다 크게 성공한 사람은 지치지 않고 연습을 한다고 말했다. 남보다 잘하는 것도 쉬지 않고 연습한다는 것이다. 국제무대에 서는 피아니스트만 생각해봐도 이해할 수 있는 말이다. 아무리 뛰어난 그들도 매일 몇 시간씩 피아노 앞에 앉아 끈기 있게 같은 곡을 반복하지 않으면 현재 수준을 유지할 수 없다.

그 정도 높은 수준은 아니라 해도 학교 다닐 때 다들 경험했을 것이다. 좋은 성적은 그냥 툭 튀어나오는 것이 아니다. 성적이 좋으려면 열심히 공부해야 한다. 단어를 달달 외우고, 하나의 공식을 익히기 위해 수없이 많은 문제를 풀어야 한다. 직장 일도, 커리어도 마찬가지이다.

끈기 있게 반복하라

살다 보면 뜻하지 않은 일을 겪게 될 때가 있다. 내 고객 지모네도 그랬다. 전혀 예상치 못한 상황에서 갑자기 아버지의 회사를 물려받게 된 것이다. 물론 그 전부터 아버지 회사에서 일하고 있었지만 자신이 경영을 맡아 회사를 책임질 것이라는 생각은 한 번도 해본 적이 없었다. 그럴 만한 경험도 준비도 되어 있지 않았다. 하는 수 없이 그녀는 전문 경영인을 고용했고 회사는 그런대로 잘 돌아가는 것 같았다.

다만 얼마 가지 못했다. 채 2년도 못 가 지모네는 자신의 선택이 차선에 불과했다는 사실을 인정해야 했다. 그녀는 다시 한 번 외부에서 전문 경영인을 찾았지만 그 역시 원하던 성과를 내놓지 못했다. 어느 순간부터 그녀도 더 이상 외면할 수 없는 일이라는 사실을 깨닫기 시작했다. 그녀가 직접 아버지의 회사를 물려받는 것이 최선이라는 생각이 들었다. 전문 경영인을 채용해보아도 그녀보다 못했다.

그나마 다행인 것은 그사이 지모네가 열심히 노력하여 자신의 부족한 면을 채웠다는 사실이었다. 그녀는 여러 기업을 직접 찾아다녔고 리더십 세미나에 등록하여 경영자에게 필요한 여러 자질을 습득하였다. 이렇듯 쉬지 않고 노력하다 보니 어느 순간 기적처럼 훌륭한 경영인이 될 수 있다는 자신감이 치솟았다. 그리고 그녀는 훌륭한 경영인이 되어 회사를 건실하게 이끌고 있다.

당신도 쉬지 않고 연습한다면 언젠가 인생의 달인이 될 수 있다. 자신에게 취약한 부분을 갈고닦으며, 변화에 필요한 능력을 함양해야 한다. 자신에게 중요한 것, 자신에게 필요한 것을 쉬지 않고 연습하라.

묵묵히 일만 하는 사람들이
빠지는 함정

묵묵히 할 일을 하면 언젠가 상사나 고객들이 알아줄 것이라고 믿는가? 그렇다면 당신은 큰 착각을 하고 있다. 안타깝지만 현실은 그렇지 않다. 정당한 평가를 받기 위해서도 노력이 필요하다. 주변을 살펴보라. 일은 안 하면서 자신을 과대 포장하여 남의 공을 낚아채는 사람, 잘난 척하기 위해 남을 예사로 짓밟는 사람이 얼마나 수두룩한지.

프로젝트 팀이 꾸려지자 팀장 자리를 두고 경쟁이 벌어진다. 당신도 기꺼이 후보가 될 참이다. 그동안 누구 못지않게 회사를 위해 열심히 일했다고 자부하므로 충분히 후보 자격이 있다고 생각한다. 하지만 당신 주변엔 당신의 편만 있는 것이 아니다. 팀장 자리를 두고 경쟁이 치열하여 당신을 비난하는 뒷말도 무성하다. "토마스가 팀장이면 나는 사장이지. 어디 감히 팀장 자리를 넘봐? 제일 늦게 입사한 주제에. 능력도 별 볼 일 없어 보이던데 왜 주변에 지지자들이 많은지 모르겠어."

앞으로는 이런 뒷말을 조금이나마 덜 듣고 싶다. 어떻게 해야 할까? 묵묵히 자기 일만 하지 말고 공을 자랑하라. 당신이 회사에 꼭 필요한 인재라는 사실을 강조해라. 누구에게? 어떻게? 당신이 팀장 자리에 필요한 소양과 능력을 갖추었다고 확신한다면 당신이 팀장이 될 경우 기업에 어떤 이익이 돌아갈지 생각해보자. 머릿속에 떠오른 모든 논리적 이유를 종이에 적는다. 글자로 보면 당신이 팀장이 되어야 할 필요성이 매우 구체적으로 다가오기 때문에 각오를 더욱 단단히 다질 수 있다. 예를 들어 당신은 이런 내용을 적었을 것이다.

- 나는 무슨 일을 하건 항상 회사의 목표를 염두에 둔다.
- 나는 절대 이익을 위해 윤리를 버리지 않는다.
- 어떤 결정을 내리든지 회사의 이익을 먼저 생각한다.
- 팀에 갈등이 생길 경우 양쪽 모두의 이야기를 경청한다.
- 항상 정직하고 상대를 존중한다.
- 확신이 있는 목표라면 불굴의 의지로 추진한다.
- 돈이 아니라 사람을 먼저 생각한다.

이런 장점들을 고려할 때 당신은 반드시 팀장이 되어야 한다! 이런 확신만 있으면 나머지는 저절로 해결된다. 당신은 이제 절벽에 선 바위가 된다. 험한 파도가 밀려와도 꿋꿋하게 제자리를 지키는 바위처럼 당신을 비난하고 깎아내리는 험담이 사방에서 들려온다 해도 절대 흔들리지 않고 자신의 뜻을 추진할 것이다. 그리고 당신을 비난하는 사람들을 넓은 아량으로 거둘 것이다. 그들이 당신을 비난하는 이유는 단 하나, 능력 있는 당신에 대한 시기심 때문이다.

사람들은 왜 나의 유능함을 알아보지 못할까?

알리스도 비슷한 처지에 있다. 그녀는 몇 년 전 끔찍한 결별을 경험했다. 남자친구가 그녀와 제일 친한 친구와 바람이 났던 것이다. 정작 그녀는 전혀 몰랐다. 남자친구가 자꾸 거리를 두어도, 주말에 출근한다고 핑계를 대면서 데이트 약속을 깨도 추호도 의심하지 않았다. 폭탄이 터진 후 알리스는 한참 동안 두문불출했고 옛 남자친구의 친구들과 부딪칠까 봐 어떤 모임에도 나가지 않았다. 그 후 충격이 가시면서 머뭇머뭇 새로운 사랑을 찾아보기도 했지만 노력은 번번이 무산되고 말았다.

첫 상담 날, 내 눈앞에 나타난 그녀는 매력과 지성을 겸비한 아름다운 여성이었다. 그런데 자신에게 어떤 문제가 있다는 생각에 푹 빠져 있었다. 제일 못생긴 친구까지도 남자친구가 있는데 자기만 없는 것을 보면 분명 자신에게 문제가 있다고 했다. 정말 그럴까? 우리는 분석 작업에 돌입했다.

자신의 장점을 입에 올리는 것이 좀 낯설고 당황스러울지도 모른다. 시장에서 물건을 팔듯 고래고래 고함을 지르라는 것이 아니다. 크게 떠들 필요도, 은쟁반에 새기거나 명함에 찍을 필요도 없다. 그저 혼자 조용히 자신의 장점을 찾아내면 된다. 내가 알리스의 남자친구라면 그녀의 어떤 점을 높이 살까?

- 그녀는 총명하다.
- 그녀와 함께 있으면 못할 것이 없다.
- 친구들이 많다.
- 유머 감각이 뛰어나다.
- 창의력이 넘친다.
- 미적 감각이 대단하다.
- 직장에서 인정받는다.
- 개방적이고 선입견이 없다.
- 운동을 좋아하고 잘한다.

이쯤에서 멈추기로 하자. 계속하다간 알리스를 내가 만든 가공의 인물이라고 생각할 것 같으니까. 당신 역시 알리스 못지않게 수많은 장점을 구비한 사람이다. 그러니 자신이 얼마나 가치 있는 존재인지 당신도 알아야 한다.

절대 과대망상이 아니다. 내가 아는 어느 여배우는 요즘 사람들이 왜 그렇게 겸손하고 소극적인지 도통 이해할 수 없다고 말했다. 자랑할 것이 많은데도 자신을 높이 평가할 줄 모른다는 것이다. 그 말이 맞다. 당신은 충분히 자랑할 만한 사람이다.

실천이 간단하다면 왜 많은 사람들이 고민만 하겠는가? 앞서 살펴보았듯 꿈으로 가는 길에는 수많은 장애물들이 있다. 아래의 연습은 그런 장애물을 뛰어넘는 데 큰 도움을 줄 것이다.

성공의 정상에서 어떤 기분일지 상상해보기

등산을 즐기는 사람이라면 정상에 올라가 아래를 내려다보는 기분을 잘 알 것이다. 등산을 해본 적 없는 사람이라도 충분히 그 느낌을 상상할 수 있다. 당신은 지금 산꼭대기에 서 있다. 거기서 저 아래를 내려다본다. 망원경으로 보니 당신이 사는 곳과 당신의 꿈이 잘 보인다. 이제 아래 질문에 대답해보자. 일상에서 멀리 떨어진 곳에서 바라보면 전에는 떠오르지 않던 독창적인 아이디어가 샘솟는다.

- 현재 당신이 가장 골머리를 앓는 문제는 무엇인가?
- 어떤 문제가 당신을 괴롭히는가?
- 어떻게 하면 그 문제를 해결할 수 있을까?
- 문제 해결의 구체적인 방안은 무엇일까?
- 여러 가지 방안 중에서 어떤 것이 손쉬울까? 그 이유는?

- 어떤 것이 힘들까? 그 이유는?

- 힘들 때 당신에게 도움을 줄 수 있는 사람은 누구인가?

- 목표를 하나씩 달성할 때마다 자신에게 어떤 선물을 주겠는가?

- 당신의 계획이 성공하리라 믿는 이유는 무엇인가?

긍정적 자세에 필요한 덕목을 기억하기

목표를 이루려면 강한 의지와 무엇이든 하겠다는 각오도 필요하지만 긍정적인 마음을 유지하기 위한 덕목이 있어야 한다. 내가 생각하는 기본 덕목 몇 가지를 소개하겠다.

- **조건 없이 베풀어라**

  이 일을 하면 무엇이 이로울까 생각하지 말고 남에게 베풀어라. 조건 없는 사랑을 나누어주면 내가 준 것보다 더 많은 선물이 되돌아온다.

- **감사의 마음을 가져라**

  그동안 살면서 감사한 일이 얼마나 되는지 세어보라. 매사에 감사하는 마음을 가지면 절로 행복해진다.

- **내가 받고 싶은 대로 남에게 주어라**

  관대한 마음, 아량을 베풀 줄 아는 능력은 성공으로 가는 지름 길이다.

- **긍정적인 사람들과 어울려라**

  불평꾼들과 함께 있으면 세상이 불만스러워 보인다. 매사 긍정적인 사람들을 곁에 두어야 삶을 긍정적으로 볼 수 있다.

- **세상은 배움터이다**

  짜증나고 화가 나는 상황이라도 무턱대고 화부터 낼 것이 아니다. 삶이 왜 내게 이런 상황을 선사하였는지 고민해야 한다. 이대로 살아서는 안 된다는 메시지인가? 이제 그만 손을 떼라는 뜻인가? 세상만사는 우리에게 교훈을 준다. 그것을 잊지 마라.

이것 말고도 각자 가슴 깊이 새긴 덕목들이 있을 것이다. 포스트잇에 적어 냉장고나 욕실 거울, 사무실 책상 등 눈에 잘 띄는 곳에 붙인다. 매일 그 글귀를 자동적으로 읽으면 어느새 자기도 모르게 머릿속에 기억될 것이다.

안타깝게도 기회는 부부젤라를 불며 요란스럽게 자신의 등장을 알리지 않는다. 아주 조용히 눈에 안 띄게 살금살금 우리 인생으로 들어온다. 그렇게 조용한 기회를 어떻게 알아차리겠는가? 좋은 기회는 그것을 만난 순간 우리 안에서 솟구쳐 오르는 좋은 느낌으로 알아차릴 수가 있다. 기억을 거슬러 올라가 당신이 잘 활용했던 기회를 떠올려보자. 당신을 발전시킨 기회, 당신을 행복하게 만든 기회를 떠올려보는 것이다. 어떻게 그 기회를 알아차렸던가? 처음엔 못 보고 지나쳤다가 나중에 알아차렸는가? 아니면 길에 떡하니 자리 잡고 있어서 발에 걸려 넘어질 뻔했던가? 당시 당신의 느낌은 어쨌는가? 확신에 차 있었던가? 이제부터라도 정신을 바짝 차리고 이렇게 유심히 살피는 습관을 들이면 앞으로는 어떤 기회도 놓치지 않을 것이다.

4

마침내 원하는
인생으로 찾아가는
10가지 행동 강령

모든 것이 시작되는
마법의 지도를 그려라

모든 변화는 꿈으로 시작한다는 것은 앞에서 이미 상세히 설명하였다. 어떤 아이디어가 떠오르면 그것을 이렇게도 꾸미고 저렇게도 채우면서 풍성하게 만든다. 단순히 아이디어로 그쳐서는 안 된다. 언젠가는 실행에 옮길 수 있도록 구체적인 모습을 갖추어야 한다. 즉 글자로 적어 눈으로 확인할 수 있어야 하는 것이다. 어떻게? 가장 좋은 방법은 바로 '마인드매핑'이다.

큰 종이 한 장을 꺼내 중앙에 원을 그리고 그 안에 인생의 꿈이나 목표를 적는다. 이 원에서 오른쪽으로 선을 하나 긋고 그 위에 당신의 인생에서 변화가 필요한 모든 것을 적는다. 가능하다면 우선순위를 정해 순서대로 적어도 좋다. 다시 왼쪽으로 선을 하나 긋고 그 위에는 원하는 목표를 이루기 위해 필요한 능력을 적는다. 이번에는 원에서 아래로 내려가는 선을 긋고 당신을 도와줄 수 있는 모든 사람의 이름을 적는다. 위로 올라가는 선에는 왜 그 목표를 이루어야 하는지 이유를 열거한다. 이번에는 대각선으로 선을 하나 긋고 당신이 꿈을 이룰 경우 주변 사람들이 어떤 이익을 보게 될지 적는다. 이런 식으로 계속해서 선을 그어나간다. 선이 많을수록 좋다.

내 인생 각본을 쓰는 방법

이 방법 말고도 인생의 각본을 쓰는 방법은 다양하다. 자신에게 가장 맞는 것으로 선택하라. 예를 들어 몇 문장에 걸친 글로 작성해서 매일 아침 하루를 시작하기 전에 읽는 것도 좋은 방법이다. 엑셀 파일로 해야 할 일 목록을 정리하고 해당 목표를 언제까지 달성할 것인지 기한을 정해 같이 적는다. 각자의 창의력을 한껏 발휘하여 인생 각본을 써보자. 그리고 그 인생의 배가 정해진 항로를 잘 따라가고 있는지 부지런히 점검한다.

창의력 말이 나왔으니 한마디 덧붙이자면, 어릴 적 나는 동화책을 정말로 좋아하는 아이였고 지금도 판타지 소설을 무척 좋아한다. 이 장르는 삶을 마법으로 만들어주며 많은 인생의 지혜를 전한다. 동시에 그 지혜를 이야기로 잘 포장하여 우리의 상상력에 날개를 달아주기도 한다. 그러니 우리도 동화나 판타지 소설의 주인공이 된 것처럼 인생 각본을 고안해보면 어떨까?

길을 걷다 보니 코끼리처럼 생긴 사람이 나타난다. 세 가지 소원을 들어준다는 요정일까? 아니, 물어보니 그 요정은 아니란다. 어쨌든 그는 우리에게 우리가 어떤 인생 계약서에 서명을 했는지 묻는다. 당신은 무엇이라고 대답하겠는가? 당신은 자신과 그런 인생 계약을 체결한 적이 있는가?

나는 트레이닝이나 워크숍에서 이 방법을 자주 사용한다. 계약서에 서명을 한 사람은 말로만 약속한 사람보다 훨씬 큰 책임감을 느끼는 법이다. 당신도 당신만의 경로 변경 계약서를 작성해보겠는가? 아마 이와 비슷한 내용이 될 것이다.

"나, 자비네 쾰러는 인생의 경로를 변경하기로 결심하였다. 그 꿈을 이루는 데 나의 재능과 능력을 쏟아부을 것이며 매일 열심히 노력하겠다. 친구나 지인의 도움도 마다하지 않을 것이며 이 결심으로 인해 뜻하지 않은 변화가 있더라도 기꺼이 감수하겠다. 나의 노력이나 자신은 물론 모든 사람에게 큰 이익이 될 것이라고 확신한다. 나는 내가 변화를 결심하였다는 사실에 무척 만족하며 2017년 5월 1일까지 이 목표를 달성하기 위해 최선을 다할 것이다. 2016년 5월 1일. 자비네 쾰러."

지금 한번 써보겠는가?

오른쪽이 막혔으면 왼쪽으로 가라

당신의 꿈이 아무리 구체적이어도 실천을 하다 보면 반드시 예상치 못한 문제가 발생한다. 처음엔 신이 나서 미처 생각하지 못했던 이런저런 문제점이 시간이 가면서 하나둘 떠오르는 것이다. 걱정하지 마라. 그런 문제 때문에 꿈을 접어서는 안 된다. 문제가 있으면 문제를 해결하면 그뿐이다. 말하자면 경로 변경을 변경하는 것이다. 너무 복잡하다고? 그렇지 않다.

1부에서 남편과 내가 뜻하지 않게 이사 했던 일을 이야기했다. 당시 우리가 허겁지겁 찾은 집은 임시로 살기에는 괜찮았지만 평생을 살 만한 곳은 아니었다. 그래서 다시 부동산 중개소에 문의를 했고 여기저기 집을 보러 다녔다. 여름이었다. 그날도 중개인이 집을 하나 보여주었는데 장미 정원이 너무나 예쁜 작은 단독 주택이었다. 어찌나 마음에 들었던지 환호성을 지르지 않으려고 엄청 자제를 했다. 당장 남편에게 전화를 걸어 같이 보러 와야 한다고 채근했다.

나의 기쁨은 그리 오래가지 않았다. 남편의 시큰둥한 반응에 그만 김이 팍 새고 말았기 때문이다. "지금이야 장미가 피었으니까 예쁘지만 꽃이 지고 나면 어떻겠어? 게다가 무슨 인형의 집도 아니고 이렇게 작아서 짐이나 다 들어가겠어?" '친구들을 초대하면 얼마나 좋아할까?', '정원에 앉아 커피 한잔 마시면서 장미를 감상하면 정말 최고일 거야!' 하며 하늘 끝까지 날아오르던 내 마음이 풍선처럼 팍 터지면서 정신이 번쩍 들었다.

중개인이 남편이 너무 까다롭다며 투덜거리는 동안 곁눈으로 중개인의 컴퓨터 화면을 슬쩍 보았다. 거기 쭉 늘어선 매물 중에 중개인이 아직 보여주지 않은 집을 한 채 발견했다. 사진과 설명을 보아하니 남편 마음에도 들 만한 집이었다. 그날 우리는 그렇게 우리의 집을 찾았다. 무턱대고 계약하지 않았던 게 얼마나 다행이었는지 모른다.

유연성이 필요하다

흥미롭게도 사람들이 목표를 이루지 못하는 주요 이유 중에는 유연성 부족도 포함된다. 어떤 대상, 어떤 길에 너무 푹 빠져서 헤어

나오지 못하는 것이다. 이것 아니면 저것이라는 이런 흑백 논리로는 단 1밀리미터도 전진하지 못한다. 닫힌 문이나 넘을 수 없는 벽 앞에 서서 분노로 씩씩대는 사람들이 얼마나 많은가. 살짝 문을 밀어보기만 했어도, 돌아갈 길이 있는지 살펴보기만 했어도……. 그런 아주 작은 노력만으로도 인생이 충분히 아름다워졌을 텐데 그냥 화만 내고 서 있다. 여왕처럼 떠받들어줄 남자들이 줄을 섰는데도 한심한 바람둥이한테 목을 매는 여자가 있다. 자기 할 일을 대신 해주면 알아서 뒤를 봐주겠다고 속삭이는 상사에게 굽실거리는 남자가 있다. 1년 동안 비서를 다섯 명이나 갈아치우면서도 자신의 리더십을 전혀 고민해보지 않는 사장님은 또 어떤가.

이 세상에 대안이 없는 것은 없다. 오른쪽 길이 막혔으면 왼쪽으로 가면 된다. 플랜 A가 안 되면 플랜 B를 생각할 줄 아는 유연성, 그것이 필요하다.

예상치 못한 선물을
받을 준비가 되었는가

　2주 후에 열리는 파티에 초대를 받았다. 옷을 한 벌 사려고 했는데 통장을 보니 아무래도 형편이 여의치 않다. 옷은 그냥 집에 있는 것 중에서 괜찮은 것으로 골라 입고 스카프나 하나 새로 사서 장식을 해야겠다고 마음먹는다. 당신은 스카프를 사려고 시내로 나간다. 쇼핑 거리의 가게를 이리저리 살피다가 우연히 평소 잘 가는 옷 가게에서 세일 안내문을 발견한다.

　가게 안으로 들어가니 당신이 좋아하는 파란색의 우아한 원피스를 파격 세일가로 팔고 있다. 사이즈도 딱 당신에게 맞는다. 한번 입어봤더니 정말이지 당신을 위해 만든 옷 같다. 얼굴에는 행복한 미소를 머금고 손에는 쇼핑백을 든 채 가게를 나오는 당신의 눈앞엔 이미 파티에서 만인의 찬사를 듣는 자신의 모습이 어른거린다.

꼭 필요한 순간에 나타난다

이 '평범한' 이야기에 무슨 뜻이 숨어 있을까? 인생은 우리에게 많은 선물을 선사한다. 온갖 선물들이 산더미처럼 쌓인 채 우리를 기다리고 있다. 삶은 그 선물들을 매일 우리 문 앞에 갖다놓는다. 우리가 할 일은 그저 그 선물의 존재를 깨닫는 것뿐이다.

왜 '뿐'이라고 표현했는지 아는가? 많은 사람들이 바로 그 깨달음을 힘겨워하기 때문이다. 위의 이야기처럼 정말 필요한 옷을 싼 가격에 사게 되었다면 대부분의 사람들이 이렇게 생각한다. "정말 기막힌 우연이야. 때마침 이렇게 괜찮은 옷을 할인하다니 말이야."

그 세일을 우연이 아니라 선물이라고 생각할 경우 자동적으로 감사의 마음과 태도를 갖게 될 것이다. 세상을 바라보는 시각이 바뀔 것이다. 사진기를 들고 걸으면 사진으로 포착하고 싶은 특별한 장면이 눈에 띄듯, 전혀 예상치 못했던 무언가가 오직 당신만을 위해 꼭 필요한 순간에 나타날 것이다. 흔히 말하듯 하늘이 내려준 선물인 것이다. 그 선물을 잡는 것이 바로 당신이 할 일이다.

나쁜 것을 좋은 것으로
바꾸는 것이 기본이다

"뿌린 대로 거둔다"는 말이 있다. 살다 보면 참 맞는 말이라는 생각이 들 때가 많다. 그러나 내가 여기서 말하고자 하는 것은 고전적인 '기브앤테이크give and take' 혹은 급부와 반대급부가 아니다. 가령 완벽주의를 추구하고 거만하고 잘난 척하며 안락을 추구하는 성격처럼 당신을 방해하는 특성, 행동, 사고 방식을 버리고, 공감, 관용처럼 당신을 앞으로 밀어주는 특성을 취한다는 뜻이다.

내 고객 소냐는 지금껏 몇 번이나 주변 사람들로부터 큰 상처를 받았다. 전 남편을 시작으로 다니던 직장의 사장들이 그녀를 배신했다. 하지만 그녀는 그때마다 불굴의 의지로 다시 일어나 씩씩하게 새 출발을 했다. 다만 그 과정에서 그녀의 성격이변했다. 완벽주의에 좀처럼 자기 뜻을 굽히지 않는 고집 센 사람이 되어버린 것이다. 그러다 아유르베다 요가를 접하게 되어 강사 자격증을 따고 요가 학원을 열었다. 그런데 처음엔 많았던 수강생들이 이상하게 자꾸 줄어들었다. 한 달 정도 다니고 나면 다들 재등록을 기피했다. 바로 그 때문에 그녀는 날 찾아왔다. 수강생들을 잃지 않으려면 자신이 어떻게 해야 할지 알고 싶었던 것이다.

나는 남에게 어떤 모습으로 보이는가

나는 조심스럽게 그녀가 객관적 시각을 획득하도록 도와주었다. 다른 사람들이 실제로 그녀를 어떻게 생각하는지 알 수 있도록 한 것이다. 그녀는 할 말을 잃었다. 자신이 생각한 자신의 모습과 너무 달랐기 때문이다. 그녀는 자신이 이렇게 딱딱하고 차가운 사람인 줄 미처 몰랐다고 했다.

이제 내가 할 일은 소냐를 도와 그녀의 부정적인 완벽주의를 바꾸는 것이었다. 쉬운 일은 아니었다. 아유르베다의 골수 추종자에게 가끔씩은 바타-피타 타입(공기와 불에 해당하는 기질)이 카파 타입(물에 해당하는 기질)처럼 먹어도 세상이 무너지지 않는다고 말해보라. 씨알도 안 먹힌다. 소냐는 아유르베다의 치유 및 섭생 이론을 철저하게 확신하였으므로 수강생들에게도 자신의 식생활을 강요했다. 삼겹살과

갈비탕을 식탁에서 제거하고 시금치와 생강만 먹고 살라는 그녀의 명령이 누구나 쉽게 따를 수 있는 것은 아니었다.

소냐는 많은 것을 포기해야 했다. 명령하는 듯한 말투, 부족한 타협 정신, 과도한 성과주의 등……. 대신 더 많은 것을 얻었다. 바로 그녀를 믿고 따르는 수강생들 말이다. 당신은 인생과 어떤 '거래'를 하고 싶은가?

나를 힘들게 하는 사람들과 거리를 두라

분명 당신 주변에도 입만 열었다 하면 불평불만을 쏟아내는 사람들이 있을 것이다. 당신의 얼굴을 보는 순간 온갖 걱정과 하소연, 신세한탄을 시작한다. 그러다 당신이 그 괴로운 상황을 바꾸고 개선할 수 있는 이런저런 제안을 던지자마자 언제 그랬냐는 듯 세상의 모든 고민을 털어버린다. 놀랍지 않은가?

그 사람들에게 필요한 건 당신의 조언이 아니며, 당신은 그저 온갖 불만과 스트레스를 집어던지는 쓰레기통에 불과했다는 사실을 깨달았다면 때가 왔다. 변화는 꾀하지 않으면서 불평만 늘어놓는 불평꾼들은 당신의 긍정적 에너지를 훔쳐가는 도둑이다. 계속 쓰레기통 노릇을 할 생각인가? 계속 에너지를 도둑질당하며 살 참인가?

내 고객 마야는 지금껏 그런 식으로 에너지를 강탈당하며 살았다. 다섯 남매 가운데 큰딸로 태어나 어릴 때부터 동생들을 보살펴온 그녀는 어른이 되어서도 나이에 비해 생각이 깊고 남을 많이 배려했다. 늘 동료들의 고민을 잘 들어주고 동료들이 도움을 청할 때 흔쾌히 도와주었다. 다만 거기에 너무 많은 시간과 에너지를 빼앗겼고, 계속 불평과 하소연을 듣고 있다 보니 스스로도 용기와 의욕이 꺾였다. 도저히 이대로는 안 되겠다 싶었던 마야는 결국 나를 찾아와 도움을 청했다. 어떻게 하면 동료들과 적당하게 선을 그을 수 있을까? 매일 얼굴을 보는 사람들의 청을 매몰차게 거절하는 건 쉬운 일이 아니다. 그러나 적극적으로 인생의 변화를 모색하고 싶은 사람에겐 반드시 필요한 일이다.

불평꾼에게서 벗어나는 간단한 방법

어떻게 하면 그 불평꾼들에게서 벗어날 수 있을까? 원칙은 의외로 간단하다. 이런 에너지 도둑들을 아예 당신의 시스템에 접속시키지 않는 것이다. 페이스북 친구 신청을 받아줄 것인지 아닌지는 당신이 결정할 수 있다. 마찬가지로 오프라인의 친구 신청 역시 승인 여부를 당신이 결정하면 된다.

그렇다면 마야는 어떻게 해야 할까? 먼저 일정한 거리를 두고 동료들의 행동을 관찰하여 어떤 유형인지 분류한다. 에너지 도둑으로 확인된 동료가 그녀의 생활 반경으로 너무 가까이 들어오면 즉각 자동 모드로 전환한다. 다시 말해 상대의 불평을 들어주기는 하지만 예전과 달리 자기 문제처럼 감정을 이입하지 않는다는 뜻이다. 동료들의 메일, 페이스북 내용만 보고도 상대가 에너지 도둑인지 구분할 수 있다. 문제를 모호하게 표현하거나 요점을 말하지 않고 계속 빙빙 말을 돌릴 경우, 너무 설명이 장황하고 이해를 구하는 경우에도 경보기를 켜고 주의를 기울여야 한다.

당신도 에너지 도둑을 감지하는 센서를 항상 가동시켜야 한다. 그래야 에너지 창고가 털리지 않는다. 당신의 삶과 당신의 변화에 투자할 에너지를 잘 지켜야 한다.

연인을 바라보듯
나의 미래를 바라보라

앞서 말했듯 꿈과 목표로 가는 길에는 항상 이성이 끼어들어 간섭한다. 이성은 쉴 틈 없이 과거에 저장해둔 정보를 낱낱이 분석하고 점검하고 분류하여 쓸 만한 것을 가려 뽑는다. 거기까지는 좋다. 솔직히 이성이 없다면 우리가 어떻게 살아가겠는가?

하지만 이성은 우리의 '유일한' 동반자가 아니다. 우리에겐 이성 말고도 온갖 종류의 감정이 있다. 그런데 그 감정들이 공포를 조장하거나 과도한 부담을 안겨주고, 통제를 벗어날 때가 있기 때문에 우리는 억지로 그런 감정을 억누른다. 예를 들면 이런 감정들이다.

• 부당한 대우를 받은 느낌

- 속수무책이라는 느낌

- 나만 빼고 자기들끼리 공모한 느낌

- 주변의 기대를 채울 수 없을 것 같은 느낌

- 사랑받지 못하는 느낌

- 이용당하는 느낌

- 인정받지 못하는 느낌

감정을 오래 억누를 수는 없다. 아주 사소한 계기에도 감정은 갑자기 불쑥 튀어나와 신체 시스템 전체를 마비시킨다. 마치 전기가 합선된 것처럼 말이다. 이런 '나쁜' 기분은 억누를 것이 아니라 적절하게 해소하는 것이 중요하다.

수시로 찾아오는 불안과 공포와 공존하는 방식

이럴 때 내가 아주 좋아하는 방법이 하나 있다. 뉴욕에 있는 리 스트라버그 극장에서 연기 교육을 받을 때 긴장 완화를 위해 배운 방법이다.

먼저 의자에 털퍼덕 앉는다. 최대한 편안하게 앉으라는 소리다. 그다음 팔과 다리를 축 늘어뜨린다. 이제 자신의 몸을 느끼면서 지금 어떤 기분이 드는지 생각해보자. 그 기분의 강도를 1에서 10까지 점수로 매긴다면 몇 점이나 될까? 점수가 7점 이하라면 감정이 억눌려 있다는 의미이므로 끌어내 해소시켜야 한다.

자, 이제부터가 하이라이트이다. 긴장한 정도에 따라 각자 괴상망측한 소리를 크게 지르는 거다. 긴장을 많이 해서 감정의 점수가 낮을수록 크게 소리를 질러야 한다.(내가 이 방법을 연습하는 꼴을 봤더라면 당신은 아마 웃다가 쓰러졌을 것이다.) 하지만 분명히 말할 수 있다. 효과가 있다. 지금도 나는 긴장이 심한 날, 불쾌한 기분이 치밀어 오르는 날에는 반드시 이 방법을 써서 기분을 해소한다. 처음에는 좀 부끄러웠지만 경험상 장담할 수 있다. 부끄러운 기분도 잠시 뿐, 자신도 모르는 사이 자연스럽게 감정을 표출하는 자신을 발견할 것이다. 물론 어떤 방법도 강요할 수는 없는 법, 이것 말고도 부정적 감정을 해소하는 방법은 수없이 많다. 자신에게 제일 맞는 방법으로 찾아보자.

조금 덜 시끄러우면서도 효과는 그만인 방법이 하나 있다. 당신이 원하는 것을 무조건 좋은 감정으로 바라보는 방법이다. 어떻게 하느냐고? 당신의 미래를 사랑하는 애인을 쳐다보듯 행복한 마음으로 바라보면 된다. 사랑의 감정, 그 힘의 원천을 당신도 모를 리 없다. 사랑에 빠지면 못할 것이 없다. 아주 쉽게 자신의 한계를 넘어선다. 연인을 사랑하듯 자신을 사랑하고 자신의 삶을 사랑하는 순간, 부정적 감정은 눈 녹듯 해소된다.

절대로 남에게 넘겨서는
안 되는 것을 놓치지 마라

최근에 기업 워크숍을 진행했다. 몇 년 전부터 정기적으로 진행한 회사였는데 이번에는 다른 부서의 직원 한 사람도 참가했다. 하필 그 회사에서도 딴지를 놓기로 유명한 사람이었다. 어떤 자리건 자기가 주도권을 잡아야 속이 풀리는 그런 권력 지향적인 인간 말이다.

워크숍은 평소처럼 원만하게 진행되었다. 분위기도 좋았다. 그런데 아니나 다를까 그 직원이 딴죽을 걸기 시작했다. 평소 나는 진행을 매우 유연하게 하기 때문에 참가자들의 참여도에 따라 내용이나 진행 방식을 바꾸기도 했다. 그러나 이번만큼은 나도 양보하지 않고 처음의 계획을 고수하기로 결심했다. 이 워크숍의 주도권은 나에게 있었고 내 구역을 사수하고 싶었기 때문이다.

나는 오랜 경험으로 이 회사가 어떤 목표를 추구하는지, 어떻게 하면 그 목표에 도달할지 누구보다 잘 알고 있었다. 따라서 진행 방식과 내용에 관해서는 불필요한 토론의 싹을 자르고 명확한 지시를 내렸으며 만일 수긍하지 않는 사람이 있다면 이 자리에서 나가도 좋다고 단호하게 말했다. 의외로 그는 자리를 박차고 일어나지 않았고 내가 지시한 모든 연습을 순순히 함께 하였다. 하지만 쉬는 시간 내가 그의 곁으로 다가가자 얼른 일어나더니 도망쳐버렸다.

누군가 당신의 구역을 침범하려 할 때 과연 어떻게 해야 그것을 지킬 수 있을까? 먼저 당신에게도 자기 구역이 있다는 사실을 인식해야 한다. 모든 인간은 직장에서도 가정에서도 자기만의 구역이 있다. 만일 경영자라면 회사가 자기 구역일 것이고, 직원이라면 부서, 팀이 자기 구역일 것이다. 개인적으로는 집, 가족, 파트너, 친구, 동호회 등이 자신의 구역일 것이다. 그 구역에서는 당신이 리더이다. 구역의 크기와 상관없이 책임도 당신의 몫이다. 절대로 남에게 넘겨줘서는 안 된다.

더 나은 삶을 살겠다는 결심

몇 달 전 남편과 어떤 행사에 참석했다. 내 옆에 한 여성이 앉아 있었는데 자꾸만 우리에게 접근을 했다. 음식이 나오자 그녀가 내 쪽은 무시하고 남편과 대화를 시작했다. 남편은 그녀의 끈질긴 질문에도 아무 내색하지 않고 적당히 이런저런 이야기를 늘어놓으며 호응했다. 그 여성은 남편이 하는 말마다 동조를 했다. 예를 들어 이런 식이었다. "어머, 저하고 똑같네요. 저도 어릴 때부터 프로세스 엔지니어링을 공부해서 화학 분야에서 일하고 싶었어요." 말도 안 되는 소리였다. 그녀는 패션 분야의 마케팅 팀장이었고, 프로세스 엔지니어링이나 화학과는 전혀 관련이 없었다. 플라스틱 옷을 지어 입고 다닐 생각이 아니라면 말이다. "아, 정말 기가 막힌 인연이네요. 나도 그 음식 정말 좋아하는데." 북쪽 지역인 그녀의 고향을 생각한다면 절대로 좋아할 수 없는 남쪽 음식에도 그녀는 이렇게 호응을 했다.

한마디로 내 구역을 침범하려는 심산이었던 것이다. 그녀가 요즘 인기 있다는 바에 가서 한잔하자고 제안하자 나는 더 이상 참아서는 안 되겠다는 생각에 곧바로 공세에 들어갔다. 부드러우면서도 단호한 말투로 그녀에게 정말 좋은 생각이지만 남편과 약속을 잡으려면 내게 먼저 문의해야 한다고 말했다. 우리 부부는 남편의 모든 일정을 내가 잡는다고 말이다. 그러면서 그녀에게 내 명함을 내밀었고 아쉽게도 향후 200년 동안은 일정이 꽉 차 있다는 말을 슬쩍 덧붙였다.

내가 지금 무슨 말을 하려는지 이해했는가? 더 나은 삶을 살기로 결심했다면 그 결심을 끝까지 지키겠다는 각오도 필요하다. 쌈닭처럼 무조건 싸움부터 하라는 말은 아니다. 마음으로 당신의 구역을 지킬 수도 있으니까. 이를 테면 당신의 구역을 빙 두르는 가상의 울타리를 상상하는 거다. 외부 침입에 대비하여 사냥개도 몇 마리 풀어놓는다. 침략의 강도가 높을 경우 한 이틀 굶은 사자 한 마리쯤 풀어놓아도 좋다.

과장된 면이 없지 않지만 장담할 수 있다. 나의 경우 지금까지 정말 효과가 좋았다. 그래서 지금은 사냥개까지 풀지 않아도 내 구역엔 아무도 들어오지 못한다. 그러니 내 상상의 동물들을 당신에게 양도할 수도 있다. 비상사태를 대비해서 한 마리 정도는 남겨둬야겠지만.

겸손보다 더 필요한 것은 자존감이다

당신 주변에도 자의식이 넘치다 못해 폭발 직전인 사람들이 있을 것이다. 등장부터 시끌벅적한 데다 나타났다 하면 혼자 마이크를 독차지하는 그런 사람 말이다. 그런 사람들은 막상 수세에 몰린다 싶으면 물불 안 가리고 상대를 물려고 든다. 그것이야말로 진짜 마음 깊은 곳에선 그들의 자의식이 그리 크지 않다는 속일 수 없는 신호일 것이다.

그 속마음은 사람들의 눈에 보이지 않는다. 사람들이 보는 것은 거슬릴 정도로 호들갑스러운 그들의 큰 몸짓뿐이다. 그리고 그것이 비호감이기에 우리는 그들과 다르고자 한다. 우리의 재능이나 성공이 화제에 올라도 우리는 고상하게 입을 다문다. 이런 속담도 있지 않은가? "겸손은 귀감이 되지만 겸손이 없으면 더 멀리 전진한다."

건강한 자의식이 왜 중요한가

내 고객 제바스티안도 바로 그 사실을 뼈저리게 느끼는 중이다. 몇 년 동안 기업에서 일한 그는 현재 기업 자문으로 독립을 하고자 한다. 일은 최고로 잘하지만 승진을 시켜주기에는 나이가 너무 어리다는 소리를 벌써 몇 번이나 들었는지 모른다. 승진 때마다 나이 많은 동료가 그에게 가야 마땅할 자리를 차지하였고 그는 그 동료에게 무슨 일을 해야 할지 조언을 해주었다. 그러다 보니 어차피 평생 남의 뒤치다꺼리나 해줄 바에야 차라리 내 회사를 차려 돈을 받고 자문을 해주는 것이 낫겠다는 생각이 들었다. 노하우라면 누구 못지않으니까 말이다.

그래서 나는 그를 트레이닝하면서 긍정적이고 자의식 넘치는 자기 연출에 주안점을 두었다. 시작한 지 채 10분도 안 돼 그는 왜 자신이 자의식 넘치는 모습을 보일 수 없는지 수만 가지 이유를 늘어놓았다. 나는 그와 함께 그 이유 하나하나를 점검하면서 그것들이 과연 현실성이 있는지 살폈다. 결국 그 많은 이유 중에 남은 것은 별로 없었다.

앞 장에서도 나는 경로 변경이 우리가 상상하거나 원했던 모습대로 진행될 보장은 없다고 말했다. 하지만 100퍼센트 보장할 수 있는 것이 있다. 자신을 믿으면 아무 위험도 일어나지 않으리라는 보장 말이다. 당신이 어떤 부문에서 강한지, 그 장점을 어떻게 활용하여 이익을 거둘 수 있을지 안다면 경로 변경 과정에 걸림돌은 없을 것이다. 사람들이 왜 '건강한' 자의식을 칭찬하겠는가. 인생에 많은 도움이 되기 때문이다.

'우연히' 찾아오는 진짜 기회를
알아차리는 능력

　기회가 지나간 후에 왜 그걸 알아차리지 못했을까 자책하는 사람들이 많다. 짜증을 내고 자신을 저주하고 욕하며 어떻게 그렇게 좋은 기회를 놓쳤는지 용서하지 못한다. 당신이 프러포즈를 받고 거절했던 남자가 알고 보니 최고의 신랑감이었다. 별 관심 없었던 일자리를 당신 대신 잡았던 그가 지금 그 자리를 발판으로 삼아 국제적인 커리어를 쌓고 있다. 아, 내가 미쳤지. 후회가 밀려온다.

　지나간 버스를 향해 손을 흔들어봤자 아무 소용없다. 당신이 다른 결정을 내렸다고 해서 당신 인생이 지금과 전혀 다를 것이라고 누가 자신 있게 대답해줄 수 있겠는가. 그건 아무도 모르는 일이다.

　후회는 소용도 없을 뿐더러 필요도 없는 짓이다. 내가 보기에 우리 인생은 회전 초밥과 같다. 기회는 빙빙 돌아 다시 내 곁을 지나간다. 물론 옷은 바꾸어 입었지만 기회는 기회다. 독일 최고의 연사 헤르만 셰어Hermann Scheer는 기회를 포착하는 이런 능력을 '기회 지능'이라 부른다. 더 나은 삶으로 들어가는 문이 열렸다는 사실을 알아차리는 능력이다. 그런데 안타깝게도 기회는 부부젤라를 불며 요란스럽게 자신의 등장을 알리지 않는다. 아주 조용히 눈에 안 띄게 살금살금 우리 인생으로 들어온다. 그렇게 조용한 기회를 어떻게 알아차리겠는가?

먼저 기회가 아닌 것부터 골라내버리자. 자극적이며 덩치만 크고 잘난 척하는 것들은 대부분 착각의 거품이다. 광고를 보면 알 수 있다. 광고에 엄청난 돈을 투자하면 그 돈만큼 시장에서 호응을 얻는다. 하지만 그것과 상품의 품질은 전혀 상관이 없다.

기회 지능을 높이는 습관

진짜 기회는 다른 모습을 하고 있다. 바로 '우연한' 사건이다. 겉으로 보기엔 우연이지만 의미 없는 우연이 아니다. 그런 순간엔 우리의 본능이 먼저 말을 한다. "느낌이 좋은걸!" 그 우연의 종착지가 어딘지는 아직 모르고 계획과 다른 방향일 때도 많지만 우리는 그것을 느낄 수 있다. 자신을 억지로 왜곡할 필요가 없다. 마음이 편안하다. 좋은 기회는 그것을 만난 순간 우리 안에서 솟구쳐 오르는 좋은 느낌으로 알아차릴 수가 있다.

앞서 뉴욕에서 연기 수업을 받았다는 이야기를 했었다. 그 사건 역시 좋은 느낌과 우연이 일치된 결과였다. 작년 연말 내 눈길을 끄는 메일 한 통이 도착했다. 뉴욕의 어떤 교육 아카데미에서 보낸 강좌 안내였는데 전혀 연고가 없는 곳이었다. 어쩌다 내가 수신자 명단에 끼게 되었는지는 하늘만이 알 일이지만, 나는 그 메일을 보자마자 참여 신청을 했다. 좋은 예감이 합리적인 '논리(너 비행기 무서워하잖아. 2주 동안 패스트푸드만 먹고 어떻게 살래?)'를 들이대는 이성보다 강했다. 나는 운명처럼 느껴지는 그 '우연'을 믿었다.

내가 당신에게 무슨 조언을 하고 싶은지 눈치챘는가? 바로 그거다. 기억을 거슬러 올라가 당신이 잘 활용했던 기회를 떠올려보자. 당신을 발전시킨 기회, 당신을 행복하게 만든 기회를 떠올려보는 것이다. 어떻게 그 기회를 알아차렸던가? 처음엔 못 보고 지나쳤다가 나중에 알아차렸는가? 아니면 길에 떡하니 자리 잡고 있어서 발에 걸려 넘어질 뻔했던가? 당시 당신의 느낌은 어땠는가? 확신에 차 있었던가? 이제부터라도 정신을 바짝 차리고 유심히 살피는 습관을 들이면 앞으로는 어떤 기회도 놓치지 않을 것이다.

누구든 나의 스승이 되고
나는 누군가의 롤모델이 된다

다른 사람의 인생 여정을 열심히 공부하면 자신의 꿈을 실현할 수 있는 방법도 절로 알게 된다. 내가 새로 길을 개척하지 않아도 된다. 울타리 너머로 사람들이 사는 모습을 슬쩍 훔쳐보기만 해도 나의 다음 걸음이 어때야 하는지 감을 키울 수 있다. 주변에서도 쉽게 찾을 수 있다. 직장 동료, 상사나 친구, 지인들 중에도 성공을 거둔 사람들이 분명 있다. 내 주소록에 적힌 사람들 중에도 감탄을 불러일으킬 만한 이들이 수두룩하다.

내 지인 가운데 디디가 그렇다. 디디는 젊을 때부터 남의 밑에서 일하지 않겠다는 뜻이 확고했다. 대학을 다니면서 아르바이트에 매달렸고 심지어 택시 기사로도 일했다. 그렇게 번 돈을 모아 자동차

한 대를 샀고, 그것을 기술 좋게 수리하고 꾸민 후 웃돈을 얹어 되팔았다. 그런 식으로 돈을 모은 다음에는 낡은 집을 한 채 산 후 수리하여 또다시 좋은 가격에 되팔았다. 이제 환갑이 넘은 디디는 대도시에 빌딩을 몇 채나 소유한 부동산 부자이다. 물론 그동안 어려움도 없지 않았다. 부동산 위기도 있었고, 사기를 당한 적도 있었다. 그럼에도 그는 모험을 두려워하지 않고 '돈이 나를 위해 일하게 만든다'는 인생철학을 고수했다. 이 철학이 오늘날의 그를 만드는 데 크게 기여했다.

내 친구 브리기트는 최선을 다하는 것이 얼마나 중요한지를 보여주는 모범 사례이다. 그녀는 내가 아는 인테리어 기사 중에서 단연 최고이다. 매일 저녁 인부들이 퇴근한 그녀의 공사 현장은 밥알이 떨어지면 주워 먹어도 좋을 정도로 깨끗하다. 혹시 청소를 안 하고 현장을 뜨는 기술자가 있으면 크게 혼이 나거나 잘릴 수도 있다. 의뢰인의 감탄하는 눈동자야말로 그녀의 방법이 성공을 낳는다는 증거이다.

사람마다 배울 점이 있다

사람마다 다 배울 점이 있다. 어떤 사람은 불굴의 의지가 빛나고, 또 어떤 사람은 느긋한 태도가 배울 만하다. 어떤 경우든지 사람의 이력은 값진 교재이다. 그에 비해 당신의 목표가 턱없이 작다 해도 그들을 롤모델 삼아 적극 활용하라. 목표로 나아가는 길은 사람마다 조금씩 닮아 있기 마련이다. 어쩌면 당신도 언젠가 누군가의 롤모델이 될지 모를 일이다.

원하는 변화의 폭이 클수록, 익혀야 할 능력이 많을수록 당신이 일하는 분야에서 최고의 스승들을 찾아보기를 권한다. 나도 증권회사를 그만두고 독립하기까지 내 분야의 최고가 누구인지 찾은 데 많은 시간을 투자했다. 엄청난 양의 책을 읽었고 전문적인 교육을 받았으며 업계 인사의 강연이라면 어디건 쫓아다니며 경청했다.

그러다 보니 어느 순간 이 정도면 족하다는 느낌이 들었고 나도 잘할 수 있겠다는 자신감이 생겼다. 물론 아는 것과 실천하는 것은 또 다른 문제이므로 이론을 현실에서 실천하기까지는 오랜 연습이 필요하다. 그래도 일단 능력을 갖추고서 첫걸음을 떼는 것은 아무 준비 없이 허둥지둥 달려가는 것에 비할 바가 못 된다. 당신의 롤모델을 연구하여 성공적인 경로 변경의 보증서를 만들어라.

대안을 생각하는 연습

이 연습엔 창의력이 필요하다. 어떤 문제이건 그 문제를 해결하기 위해 많은 노력을 기울였던 과거의 상황을 회상해보자. 왜 그렇게 많은 노력이 필요했던지 이유를 찾아보자. 어떤 마음이, 어떤 행동 모델이 지배적이었을까? 누구를 배려해야 했을까? 이 연습을 통해 앞으로 그와 비슷한 상황이 닥친다면 좀 더 편안한 마음가짐과 행동 방식으로 문제를 해결할 수 있을 것이다.

우선 네 칸의 도표를 만든다. 첫째 칸에는 그 당시의 상황, 두 번째 칸에는 당시의 마음가짐, 세 번째 칸에는 당신이 시도했던 행동 및 사고방식을 적는다. 마지막 네 번째 칸에는 아직 시험해보지 않았지만 바람직하다고 생각하는 사고방식을 적는다. 예를 들면 이런 모양의 도표가 될 것이다.

상황	프로젝트 진행을 반대하는 사람이 많았다.
마음가짐	싸워야 한다고, 트집을 안 잡히기 위해 완벽을 기해야 한다고 생각했다.
과거의 행동 방식	몇 시간 동안 프로젝트의 타당성을 설명했다. 다른 사람이 말할 때 못 기다리고 조급하게 끼어들었다. 다른 사람의 반론을 무시하고 내 의견만 고집했다.
미래의 행동 방식	내가 원하는 결과에 초점을 맞춘다. 남의 의견을 존중한다. 긍정적인 어휘를 선택한다.

자기 영역을 지키는 연습

주변 사람들이 호시탐탐 당신의 영역을 노린다. 아차, 또 당했구나 하고 깨달았을 땐 너무 늦다. 생각 없는 클릭 한 번으로 컴퓨터에 바이러스가 퍼지고, 잘못된 선택으로 당신을 이용하려는 인간에게 속절없이 걸려든다. 이제부터라도 정신을 바짝 차리고 자신의 구역을 지켜야 한다. 한시도 긴장을 놓쳐서는 안 된다. 아래 연습이 자기 영역을 인식하고 확보하도록 도와줄 것이다.

매일 아침 몇 분이라도 시간을 내서 상상으로 자신의 구역을 설정한다. 당신의 집과 가족부터 친구와 회사, 소중한 물건과 능력, 그 모든 것 위로 커다란 종을 씌운다고 상상하자. 누구도 그 안으로 들어갈 수 없다. 종이 아니라 당신의 구역을 철통같이 지키는 경비를 상상해도 좋고, 튼튼한 울타리를 둘러도 좋다. 상상의 울타리가 당신의 영역을 지켜줄 것이다.

모든 것의 출발점은 내 마음의 내비게이션을 새로 프로그래밍하겠다는 의지이다. 어떻게 하면 될까? 미래의 삶이 어떤 모습이면 좋을지 마음속으로 생각하면 된다. 어떻게 살고 싶은가? 누구와 살고 싶은가? 어디서 살고 싶은가? 어떤 재능으로 돈을 벌고 싶은가? 어떤 여가 활동이 가장 행복을 주는가? 당신에게 기쁨을 주는 것은? 누구와 있을 때 제일 행복한가? 누구는 피하고 싶은가? 직장 생활이 더 좋은가? 아니면 독립을 하고 싶은가? 이런 기본 문제의 해답을 찾고 나면 행복은 저절로 당신 곁으로 다가온다.

5

지금 이 길이
내 길인지 묻는
그대에게

우리의 인생은 꿈이
기다리는 곳으로 나아간다

아직도 계획만 짜고 있을 뿐 실천해볼 확신이 없는 이들을 위해 짤막하게 질문 목록을 만들어보았다. 각 항목에 답을 할 때는 이성보다 감정의 소리에 더 귀를 기울여야 한다. 앞 장에서도 말했듯 이성은 감정이 액셀을 밟을 때마다 브레이크를 밟으려는 충동을 느끼기 때문이다. 계속 이성의 브레이크에 걸려 한 발짝도 못 나갈 수는 없지 않은가? 이제는 시작해야 할 때다. 다음 질문에 하나씩 대답을 해보자.

• 새로운 길로 나설 경우 무엇을 버려야 하는가? 그것을 버리고 길을 떠나고 싶은가?

- 목표로 가는 길에 어떤 어려움이 예상되는가?
- 현재로서는 도저히 해결책이 보이지 않는 어려움이 있다면?
- 해결책을 찾는 데 도움을 줄 수 있는 사람은 누구인가?
- 변화로 가는 길에 일어날 수 있는 최악의 사태는 무엇인가?
- 그 일이 일어날 확률은 어느 정도인가?
- 계획이 실패하지 않는다는 확신이 있다면 지금 당장 새로운 목표를 향해 출발하겠는가?
- 새 인생을 살면 어떤 득이 있을까?
- 목표를 달성하면 어떤 기분이 들까?
- 왜 당신은 목표를 이룰 수 있다고 믿는가?
- 목표를 이루었을 때 주변 사람들이 무엇이라고 할 것 같은가?
- 왜 변화가 필요할까?
- 변화는 당신과 주변 사람들에게 무슨 득이 될까?
- 목표를 달성하면 자신에게 어떤 상을 줄 것인가?

다 대답했는가? 난 이미 알고 있다. 이제 당신은 변화를 모색하기로 굳게 결심하였다는 사실을.

잊었던 꿈이 이 책을 읽는 동안 되살아났다고 가정해보자. 어떤 사람은 벌써 마음의 모니터에 생생한 영상이 떠 있는 반면, 아직 어디로 향해야 할지 감이 안 오는 사람도 있을 것이다. 어느 쪽이건 상관없다. 언젠가는 결정을 내릴 수밖에 없는 시점이 올 테니까. 그냥 살던 대로 살기로 결정할 수도 있다. 꿈의 일부만 실천해보기로 결정할 수도 있다. 인생을 완전히 뒤집어엎고 새 인생을 시작하기로 결정할 수도 있다.

어쨌든 중요한 것은 시작이다. 걸음을 내딛는다는 사실 그 자체이다. 살던 대로 살건, 살짝 바꾸건, 통째로 바꾸건 한 발을 떼었다는 것이 중요하다. 어떤 결정을 내리건 분명 그 결정은 잉여 가치를 낳을 것이다. 당신이 저지를 수 있는 유일한 실책은 아무것도 하지 않는 것, 아무것도 결정하지 않는 것이다.

직업상 많은 고객들을 만나면서 확인한 사실이 있다. 사람들은 저마다 어떤 방향이 옳은지 무의식적으로 알고 있다. 내가 할 일은 그저 무의식을 의식의 차원으로 끌어올린 후 실천의 길을 스케치해나가도록 돕는 것뿐이다.

아직도 어느 방향으로 가고 싶은지 확신이 없다면 다음 방법을 사용해보자. 우선 세 가지 버전의 인생을 상상한 다음 각 버전을 짤막하게 글로 적어보자. 각 버전마다 앞으로의 인생이 어떤 모습일지 상상해보는 것이다. 상상의 나래를 활짝 펴되 너무 비현실적이어서는 안 된다. 다 적고 나면 어떤 버전이 가장 행복할지 결정을 내릴 수 있을 것이다. 그대로 될지 안 될지 어떻게 아느냐고 이성이 자꾸 끼어들어 걸고넘어지거든 이성과 과감히 한 판 붙어야 한다.

앞에서도 배웠듯 우리의 인생은 꿈이 기다리는 곳으로 나아간다. 그 사실을 이성에게 분명하게 짚어주자. 성공에 필요한 도구를 다 갖추었다고 확실하게 알려주자. 그래도 소용이 없거든 지금 상황에서 아주 골치 아픈 문제를 하나 골라 이성에게 던져주면 어떨까. 문제에 정신이 팔려 더 이상 당신을 괴롭히지 않을 것이다.

'언젠가'는 오지 않는다

요즘엔 자동차마다 내비게이션이 있다. 어두운 밤에 도로 표지판은 안 보이고, 진입로를 놓치는 바람에 천장에 붙은 작은 불을 켜놓고 지도를 이리저리 돌리며 머리를 쥐어뜯는 광경이라니, 상상도 하고 싶지 않다. 내비게이션은 대단한 혁신이다. 최단거리를 계산하여 안내를 하고, 도로가 막혀도 알려준다. 기가 막히다.

우리 마음의 내비게이션을 '행복'이라는 목적지에 맞추어도 그만큼 삶의 질이 향상될 수 있다. 복잡한 GPS를 개발할 필요도 없고, 독창적인 기술이 필요한 것도 아니다. 목적지를 우리가 가고 싶은 곳에 맞추어 프로그래밍만 다시 하면 된다. 물론 그러자면 결정을 내려야 한다. 방향을 바꾸겠다는, 새 인생을 살겠다는 결정이 필요하다.

변화의 각오가 없다면 마음의 내비게이션도 새 길을 조언해줄 수 없다. 동력은 당신에게서 나온다. 당신이 가구 회사에서 일을 한다고 가정해보자. 부서 동료들은 하나같이 의욕이 없다. 부장님도 그 사실을 알고 있는지, 알면서도 모른 척하는 것인지 도무지 모르겠다. 부장님은 어떨지 몰라도 당신은 이런 분위기가 너무 싫다. 나른한 표정으로 마지못해 시키는 일이나 하는 사람들과 같이 있으려니 어깨가 축축 처지고 만사가 귀찮아진다. 그래서 새롭게 시작하고 싶다는 결심을 한다. 그러던 참에 '우연히' 단골 카페에서 지난주 지역 신문을 읽다가 눈을 의심했다. 구인란에서 딱 맞는 일자리를 보게 된 것이다.

"고객을 소중히 생각하는 가구 회사에서 의욕을 갖고 열심히 일할 판매 직원을 모집합니다. 경력이 있으면 더 좋겠고 성실하고 마음이 따뜻한 분이면 좋겠습니다……."

그렇다. 내비게이션을 행복에 맞추면 누구에게나 일어날 수 있는 작은 기적이다. 마음의 변화만으로도 긍정적 결과를 불러올 수 있다. 마음이 송출하는 에너지가 긍정적인 방향으로 바뀌기 때문이다. 너무 동화 같은 이야기라고? 실제로 고객들을 보면 이런 사례가 적지 않다.

상황이 긍정적인 방향으로 바뀌게 된 원인이 무엇인지 나중에 확인하기란 쉽지 않다. 다양한 이유들이 겹쳐져 한 덩어리를 이루는 것이 인생이기 때문이다. 어쨌든 모든 것의 출발점은 내 마음의 내비게이션을 새로 프로그래밍하겠다는 의지이다. 어떻게 하면 될까? 미래의 삶이 어떤 모습이면 좋을지 마음속으로 생각하면 된다. 어떻게 살고 싶은가? 누구와 살고 싶은가? 어디서 살고 싶은가? 어떤 재능으로 돈을 벌고 싶은가? 어떤 여가 활동이 가장 행복을 주는가? 당신에게 기쁨을 주는 것은? 누구와 있을 때 제일 행복한가? 누구는 피하고 싶은가? 직장 생활이 더 좋은가? 아니면 독립을 하고 싶은가? 이런 기본 문제의 해답을 찾고 나면 행복은 저절로 당신 곁으로 다가온다.

노인들에게 시간을 되돌릴 수 있다면 무엇을 바꿀 것인지 물었다. "지금 배우자가 아닌 다른 사람과 결혼할 거예요", "다른 직업을 택할 거예요" 같은 대답은 거의 없었고, 대부분이 이런 대답을 했다. "나를 위해 더 많은 시간을 투자할 거예요. 하고 싶은 일을 하면서 살 거예요. 좋아하는 사람들을 더 자주 만날 거예요." 그러니 90세가 될 때까지 기다리다가 놓친 삶을 후회하지 마라. 지금 이 순간을 살아라.

삶은 예상치 못한 순간에
좋은 방향으로 급선회한다

자, 이제 당신은 새 인생을 개척하기로 결심하였다. 아주 잘한 일
이다. 마음의 세상을 어떻게 프로그래밍해야 바깥세상에서도 원하
는 결과를 거둘 수 있을지 이제 잘 알 것이다. 변화를 실행에 옮기
는 것은 전혀 어렵지 않지만 언제든 '날벼락'이 떨어질 수도 있다는
사실 역시 알고 있다. 목표로 가는 길에 장애물과 함정이 나타날 수
도 있다. 당신의 신뢰에 배신으로 답하는 사람들을 만날 수도 있다.
오해를 받거나 모두가 당신의 결심을 지지하지 않을지도 모른다. 내
결정이 잘못된 것은 아닌가 하는 의혹이 밀려들 수도 있다.

이 모든 역경도 변화의 일부이다. 목표가 클수록 길을 막는 장애
물도 크기 마련이다. 다행히 좋은 소식이 하나 있다. 장애물이 아무

리 크고 험난해도 넘을 수 있다는 사실이다. 당신은 자신을 신뢰하며, 또 필요한 때엔 반드시 도움의 손길이 오리라 믿기 때문이다. 왜? 겉으로는 안 그래 보여도 삶은 당신에게 좋은 뜻을 품고 있으니까. 그게 정말이냐고? 정말이다. 내 인생도 그랬다.

15년 전 첫 남편과 헤어졌을 때 나는 심장을 도려내는 듯 아프고 괴로웠다. 그런 고통은 처음이었다. 많은 밤을 눈물로 보낸 후에야 깨달았다. 나를 남편 옆자리에서 밀어낸 것은 다른 여자가 아니라 우리의 시간이 다했기 때문이라는 사실을. 남편과 내가 함께 걸어가는 길이 거기서 끝난 것이다. 그동안 우리는 최선을 다했지만 더 이상은 불가능했다. 결국 그 길의 끝에서 우리는 한층 어른이 되어 헤어졌다. 내 삶은 그 사실을 알았지만 나는 그때만 해도 아직 그것을 몰랐다. 그럼에도 더 나아지리라는 희망을 품고 미래를 보았다. 그리고 정말 기적 같은 일이 일어났다.

갑자기 한 남자가 내 인생에 등장한 것이다. 우리는 전혀 다른 유형의 인간이었지만 이상과 가치관이 많이 닮았다. 그래서 아주 빠른 속도로 가까워졌다. 내가 이혼과 거의 동시에 회사를 차렸기 때문에 당시 남자친구는 정말로 큰 도움이 되었다. 그는 최선을 다해 나를 지지했고 내 재능을 믿어주었다.

우리의 관계는 정확히 4년 반 동안 이어졌다. 그 무렵 내 인생이 나를 위해 다시 다른 계획을 세웠기 때문이다. 아니면 내가 내 인생을 위해 다른 계획을 세웠던 것일까? 어느 순간부터 어느 것이 먼저

였는지 잘 모르겠다. 운명이 먼저였을지도, 혹은 내 아이디어와 계획이 먼저였을지도 모른다. 당시 내 목표는 회사의 매출을 크게 올리고 독일어권의 기업 다수를 고객으로 확보하는 것이었다. 그러자니 당연히 출장이 잦았고 혼자인 것이 편했다.

목표로 가는 한 걸음 한 걸음을 마음껏 즐겨라

나의 싱글 생활은 2년 동안 계속되었다. 지금의 남편은 내가 진행한 기업 워크숍 참가자였다. 그는 다른 동료들과 달리 배움의 열의가 대단했다. 그게 참 보기 좋았다. 남편도 내게 호감을 느끼고 있었다. 그러나 이성이 강력한 걸림돌이 되었다. 첫째, 고객과 개인적인 관계가 되는 것은 내 원칙에 어긋났다. 둘째, 아내가 병으로 세상을 뜬 지 반년밖에 안된 남자와 연애를 하는 것은 심사숙고해야 할 일이었다. 그럼에도 나는 이성의 반대를 물리쳤다.

지금껏 그 결정을 후회한 적이 없다. 물론 우리에게도 몇 가지 장애물은 있었다. 예를 들어 남편의 고향은 외부 사람들이 좀처럼 이해하기가 힘든 고리타분한 시골이다. 마을 축제에 가면 남자와 여자가 따로 앉는다. 낯선 사람이 있으면 아무도 말을 걸지 않는다. 밤 10시만 되어도 축제 분위기가 최고조에 달한다. 일찍부터 술을 마셔대기 때문에 10시쯤 되면 다들 취해서 정신이 오락가락하는 탓이다.

난 술을 안 마신다. 한마디로 목표로 가는 길이 돌밭이었지만 그래도 나는 살아남았다. 그리고 지금은 그 고리타분한 시골 마을의 한 식구가 된 것이 정말로 행복하다. 그곳에서 얻은 친척과 이웃, 친구들의 소중함은 더 말할 필요도 없다.

세상 모든 것이 나를 등진 것 같은 시절이 있었다. 오랜 투병 끝에 어머니가 돌아가시고, 어릴 적 친구가 갑자기 젊은 나이에 세상을 떠났다. 한참 목표를 향해 달리던 중에 온몸에서 에너지가 쑥 빠져나가버렸다. 슬픔과 고통의 감정을 억누르려 노력했지만 아무 소용 없었다. 나는 어쩔 수 없이 슬픔을 받아들이고 그것을 내 인생의 일부로 생각했다.

이 모든 굴곡과 험준한 여정은 나를 강하게 만들었다. 이제야 알 것 같다. 모든 것은 제때에 제자리를 찾아온다는 것을. 올 것은 오고야 만다는 것을. 그리고 나는 그것을 받아들일 수 있다는 것을. 세상만물엔 의미가 있다. 아직 잘 모르겠다면 이런 방법을 시도해보면 어떨까. 지금껏 살아오면서 얼마나 어려운 일을 겪었으며, 그 상황에서 얼마나 자주 예상치 못했던 도움을 받았는지 곰곰이 생각하여 글로 옮겨보는 것이다. 전혀 예상하지 못했는데 갑자기 삶이 좋은 방향으로 급선회한 적이 얼마나 되는지 생각해볼 기회가 된다. 내 말을 믿어라. 삶에 대한 신뢰는 변화의 모험을 지지하는 매우 튼튼한 기틀이다.

이미 반환점을 돌아온 내 인생을 돌이켜보면서 나는 '길이 곧 목표'라는 확신을 갖게 되었다. 달리 표현하면 길은 목표의 일부라고 할 수 있겠다. 어떤 일이 생각만큼 빨리 이루어지지 않아 짜증이 나고 화가 날 때도 있겠지만 대부분 우리는 우리가 생각하는 것보다 훨씬 더 가까이 꿈에 다가가 있다. 그러니 즐겨라. 목표로 가는 한 걸음 한 걸음을 마음껏 즐겨라. 기대보다 더 큰 즐거움이 어디 있던가?

끝에서부터 생각하고
계획하는 것이 좋은 이유

변화를 꿈꾸는 사람들은 대부분 순서대로 자신이 해야 할 일을 생각한다. 지금 이 순간부터 목표에 도달하는 최종 순간까지 시간 순서대로 차근차근 할 일을 따져본다. 이것이 보통 사람들이 사용하는 방법이며 사실 논리적이기도 하다.

그러나 정반대 방법도 가능하다. 끝에서부터 생각하고 계획하는 것이다. 아주 간단하지만 특히 아직까지 의혹을 떨쳐버리지 못한 사람들에게 매우 효과가 뛰어나다. 필요한 것은 줄 하나와 카드 세 장뿐이다. 각 카드에 '과거', '현재', '미래'라고 적은 후 줄의 맨 끝에 '과거'를, 맨 앞에 '미래'를, 중간에 '현재'를 놓는다. '미래' 카드 옆에 서서 반대 쪽 끝에 놓인 '과거' 카드를 바라본다. 머릿속으로 당신의 계획이 이미 실현된 상태를 상상하면서 목표에 도달한 후의 삶이 어떤 모습일지 잠시 즐겨본다. 이런 흐뭇한 기분을 그대로 가슴에 담은 채 이제 목표에 도달하기 위한 마지막 최종 단계가 무엇일까 고민해본다.

당신이 신발이나 가방, 머플러 등을 파는 패션 소품 가게를 열고 싶다고 가정해보자. 가게를 열기 전 마지막으로 해야 할 일이 무엇일까? 제품 진열일 것이다. 당신은 가게가 어떤 모습일지 상상의 나래를 펼친다. 구두는 어디에 진열하고 가방은 어디에 놓을 것인가? 머플러나 목걸이 같은 액세서리는 또 어디에 둘 것인가? 이렇게 물건 진열이 모두 끝났다. 그렇다면 그 전 단계는 무엇일까? 아마 실내 인테리어일 것이다. 가구는 무엇으로 할 것이며 가게 내부는 어떤 색으로 칠할 것인가? 이런 식으로 전체 과정을 거꾸로 쭉 훑어가면서 '현재' 카드로 돌아오면 된다.

생각의 순서를 뒤집으면 두려움이 사라진다

다른 예를 들어보자. 당신은 지금 평범한 회사원이지만, 언젠가 카페 주인이 되는 것이 소원이다. 그렇다면 카페를 이미 열었다는 상상에서 출발해야 한다. 지금 당신 눈앞에는 카페가 자리한 거리의 풍경이 펼쳐진다. 안으로 들어가 보니 예쁜 의자와 둥근 탁자가 아기자기 놓여 있고 당신이 직접 만든 케이크와 쿠키가 들어 있는 유리 진열대도 보인다. 손님이 많다. 신나게 대화를 나누는 손님부터 노트북을 켜놓고 열심히 자판을 두드리는 손님, 케이크를 먹으며 스마트폰 삼매경에 빠진 손님도 있다.

당신은 흐뭇한 기분으로 가게를 살피며 이 가게를 열기 전 마지막으로 무엇을 했는지 떠올린다. 아마 가게 오픈 행사였을 것이다. 행사 역시 당신의 창의력을 마음껏 발휘하여 멋지게 꾸민다. 그리고 다시 한 단계 더 거슬러 올라가 가게 인테리어에 골몰하던 시간으로 돌아간다. 이렇게 한 단계씩 거슬러 올라가다 보면 카페 주인이 되고 싶은 지금의 당신을 만날 것이다.

이 방법이 아직 의혹과 두려움을 떨쳐버리지 못한 사람에게 유익한 이유는 무엇일까? 생각의 순서를 뒤집어 접근하면 의혹과 걱정, 두려움이 사라지기 때문이다. 이처럼 비정상적인 순서로 행동 단계를 인지하면 이성이 브레이크를 걸 수 없다. 가령 100미터 거리를 거꾸로 걸으면서 오늘 마트에서 사야 할 물건을 떠올린다고 생각해보자. 뒤에 돌부리가 나타나 걸릴까 봐 자꾸 고개를 돌리느라 장보기 목록을 만들기가 쉽지 않을 것이다.

남보다 서두른다고
더 행복해지는 건 아니다

기업인을 대상으로 트레이닝하다 보면 꼭 몸부터 앞서는 저돌적이고 성급한 임원들이 있다. 특히 남성들이 그렇다. 말이 떨어지기 무섭게 당장 실천하겠다고 야단을 부려서 그걸 진정시키느라 애를 먹은 적이 적지 않다.

나는 그런 방식을 권하지 않는다. "여유 속에 힘이 있다"는 옛말도 있지 않은가. 정말 맞는 말이다. 당신이 원하는 변화가 크건 작건 계획과 준비에 정성을 들여야 힘들이지 않고 목표를 달성하는 데 도움을 얻을 수 있다. 찬란한 색깔로 차분히 당신의 미래를 그릴수록, 필요한 각 단계를 구체적으로 고민할수록 실천 과정에서 느끼는 스트레스도 줄어들기 마련이다.

충분한 시간을 가져라. 남보다 서두른다고 남보다 더 행복한 것이 아니다. 가령 당신이 지금 보험회사 직원인데 언젠가부터 심리상담사가 되는 꿈을 꾸었다고 해보자. 시간이 날 때마다 관련 서적도 읽어보고 강연이 있으면 찾아가 열심히 들었다. 하지만 아직까지 자격증을 어떻게 딸지, 자격증을 딴 후엔 어떻게 일자리를 얻을지 생각해본 적은 없다. 평소 친구들이 고민을 털어놓으면 이런저런 상담을 해주었고 그럴 때마다 친구들이 정말 재능이 있다고 치켜세우기는 했지만 구체적인 고민은 해보지 않았다. 당신의 일상은 여전히 책상에 쌓인 서류 더미를 처리하고 미래를 상상하는 것에 그친다. 적어도 지금까지는 그랬다.

그러다 불현듯 몇 주 전부터 현 상황을 바꾸어야겠다는 생각이 들었다. 당장 회사에 사표를 던지고 자격증 공부에 돌입해야 할까? 그렇지 않다. 천천히 차근차근 준비해야 한다. 여유 있게, 시간 날 때마다 인터넷으로 심리상담 교육의 다양한 가능성을 조사한다. 주변 사람들에게 혹시 심리상담사를 아는지 물어보고 현재 심리상담사로 일하는 사람을 찾아가 정보를 얻는다. 그다음 자격증에 필요한 인터넷 강의를 듣거나 학원을 찾고 자신의 경제적 상황을 정확히 살핀후에 결정을 내려야 할 것이다. 경제적으로 넉넉하다면 자격증 취득과 현재의 직장을 병행할 수도 있다. 친구들을 만나고 여가 활동을 즐길 시간도 계산에 넣을 것이다. 이로써 첫걸음은 끝이 난다.

변화를 계획하고 실천하자면 건강한 이성뿐 아니라 실용적 자세로 한 단계씩 나아가는 추진력도 필요하다. 또 긍정적 자세, 자신감, 미래에 대한 기대도 늘 곁에 두어야 한다. 열심히 노력해서 자격증을 땄다면 이제 어떻게 할까? 여러 가지 가능성이 있다. 현재의 직장과 의논하여 반나절만 일할 수 있는 가능성을 타진해보고, 가능하다면 나머지 반나절 동안 상담 일을 한다. 개인 상담실을 열어 독립하거나 기존 상담실에 취직할 수도 있다. 하지만 처음부터 개인 상담실을 여는 것보다는 취직을 해서 경험을 쌓고 고객을 확보하는 쪽이 더 안전할 것이다.

다양한 가능성을 모색하고 고민하는 시간이 길수록 더 많은 아이디어가 떠오를 것이다. 의미 있고 논리적인 계획을 세워 한 걸음 한 걸음 실천에 옮기는 것이야말로 변화의 지름길이다. 그다음은 저절로 해결된다. 여러 참신한 아이디어가 추가될 것이고 당신을 도와줄 많은 사람을 알게 될 것이며, 어느 날 문득 그토록 바라던 삶에 도달해 있을 것이다.

경제적 상황이 어려운 경우엔 마냥 느긋할 수만은 없다. 창의력을 발휘하여 자원을 마련해야 한다. 이때에도 방법은 수없이 많다. 내 고객 몇 사람은 투자자를 찾아서 사무실을 차렸다. 그러자면 치밀한 계획으로 투자자를 설득시킬 수 있어야 한다. 또 부업으로 필요한 자금을 마련하는 사람들도 많다. 그러나 어떤 방법을 택하든 여유 속에 힘이 있는 법이다. 차분한 마음으로 변화의 계단을 차근 차근 올라가야 한다.

내 인생 최고의 시간은
아직 오지 않았다

드디어 여행의 끝자락에 도달하였다. 이제부터는 당신 혼자서 헤쳐 나가야 한다. 아마 당신은 이 책을 통해 용기를 얻고 동시에 자극도 받았을 것이다. 그리고 자신을 믿고 자신의 능력을 신뢰하게 되었을 것이다. 이 책에 소개한 많은 사례들을 통해 변화를 추구하는 사람이라면 누구나 넘어야 할 도전의 산과 강도 알게 되었을 것이다. 그러니 당신은 혼자가 아니다. 누구든 도전의 걸음을 내딛는 순간 이런저런 어려움을 겪는다. 지극히 자연스러운 일이다. 당신이 허약해서도 무능해서도 아니다. 성공한 사람들이라고 해서 피할 수 있는 과정도 아니다.

최근 유명한 할리우드 시나리오 작가 탐 슐레진저Tom Schlesinger를 만났다. 그도 책상에 앉아 글을 쓸 때면 온갖 잡생각이 물밀듯이 밀려든다고 했다. 갑자기 집 안 어디를 어떻게 손봐야 할지 아이디어가 폭발한다는 것이다. 그래서 벌떡 일어나 정원 울타리에 페인트칠을 하고 햇살 좋은 날엔 지하실 포도주를 알파벳 순서대로 분류하기도 한단다.

우리 같이 평범한 사람들이야 더 말할 것도 없다. 계획을 막는 온갖 핑계거리가 머릿속에 떠오른다. 지금은 너무 피곤해서, 감기가 열흘 넘게 안 나아서, 할 일이 너무 많아서 도무지 짬이 안 난다. 갑자기 온갖 스케줄이 떠오르고 그동안 미뤘던 일들을 당장 처리해야 할 것만 같다. 오직 하나, 당신이 지금 해야 할 일에 투여할 시간이 없다. 그러는 사이 후다닥 한 달이 흐르고 두 달이 흐른다. 왜 그럴까? 앞에서도 누차 말했듯 불확실한 것에 대한 두려움 탓이다.

내려놓을 각오가 되어 있는가?

일상에서 마주치는 작은 불안에는 다들 대비를 잘 한다. 전철이 고장 나고 도로가 폐쇄되고 갑자기 눈이 내려 길이 빙판이 되고 자동차가 잘 가다가 갑자기 멈춰서도 우리는 크게 당황하지 않고 위기를 극복한다. 아이가 아파도, 오늘 당장 미국에서 날아온 고객에게 중요한 프레젠테이션을 하라는 지시가 내려도 어떻게든 처리하고 살아남는다. 단 하루도 예상치 못한 일, 계획하지 않은 일이 닥치지 않는 날이 없다. 그래도 우리는 무사하다.

그러니 그보다 더 큰 불안에는 더더욱 대비를 잘하지 않을까? 그런데 나도, 당신도, 다른 사람들도 그렇지가 않다. 올바른 방향으로 가고 있다고 믿었는데 갑자기 상황이 돌변하면 어찌할 바를 모르며 화를 내고 분통을 터트린다. 그런 상황에서도 평정심을 잃지 않고 호기심 넘치는 아이의 자세를 유지할 수 있다면 아마 우리 인생에는 정말로 많은 기적이 일어날 것이다.

젊은 나이에 엄청난 성공을 거둔 독일 가수 헬레네 피셔Helene Fischer는 11년 전 인생의 갈림길에 섰다. 당시 그녀는 유명한 뮤지컬 배우가 되겠다는 꿈을 꾸었다. 다행히 실력 있는 매니저를 만났지만 뜻밖의 제안을 받게 된다. 뮤지컬 배우보다는 대중 가수가 더 전도유망한 것 같으니 가수로 전향하자는 것이다. 아마 그녀는 많은 눈물을 흘렸을 것이다. 그녀가 원하는 길이 절대 아니었기 때문이다. 하지만 그녀는 그 제안을 받아들였고 현재 760만 장의 음반 판매량을 기록한 독일 최고의 가수가 되었다. 인생을 믿고 마음을 내려놓으면 그런 기적이 일어날 수 있는 것이다.

앞으로 다가올 인생 최고의 순간을 위해 당신은 무엇을 내려놓을 각오가 되어 있는가? 뭔가 삐거덕댄다는 느낌이 든다면 더 이상 망설이지 말고 새 길을 찾아라. 놔두면 저절로 해결될 것이라는 희망에 항복하지 마라. 기다릴 것이 무엇인가? 변치 않는 화창한 날씨? 당신의 노후를 책임질 정부? 엄청난 유산? 혜성 같은 승진? 변화의 출발점은 항상 당신이어야 한다. 당신은 그 변화를 이룰 수 있다. 이미 우리는 변화의 기술과 방법을 익혔다. 꾸준한 연습이야말로 당신을 키워줄 기름진 옥토이다.

안 되면 언제라도 되돌아오면 된다. 돌아와 아무 일 없었다는 듯 살면 된다. 다시 다른 방향으로 인생을 설계하면 된다. 무엇이 두려운가? 지금이 아니라면 언제인가? 자, 시작해보자. 나는 언제 어디서나 당신을 응원할 것이다.

당신 안에 숨어 있는 능력을 일깨우려면 연습이 필요하다. 상상력을 적극 활용하여 유익한 기회를 당신 곁으로 끌어와야 한다.

스스로의 능력을 시각화해보기

당신이 최고로 꼽는 능력 다섯 가지, 최고의 성공 다섯 가지, 최고의 조력자 다섯 명을 커다란 종이에 적는다. 그것을 양손에 들고 그 종이에서 빛의 줄기가 내려온다고 상상하라. 종이에 적힌 능력과 성공과 조력자가 당신의 온몸과 마음을 감싸는 느낌일 것이다. 그 든든한 지원군을 등에 업고 하루를 시작하라.

미래의 성공을 미리 자축하며 인생에게 초대장을 써보기

당신이 원하는 삶이 달성된 미래를 상상하며 당신의 인생에게 초대장을 보낸다. 정성을 다해 초대장을 꾸미면서 미래의 그 순간을 미리 즐겨보자. 상상의 힘으로 당신이 바라던 미래를 성큼 더 가까이 데려올 수 있을 것이다.

지금 이 길이 내 길인지 묻는 그대에게

초판 1쇄 발행   2016년 5월 23일

지은이   디아나 드레셴
옮긴이   장혜경

펴낸이   박선경
기획/편집 • 김시형, 이지혜, 인성언
마케팅 • 박언경
표지 디자인 • 서채홍
본문 디자인 • 디자인원
제작 • 디자인원(031-941-0991)

펴낸곳 • 도서출판 갈매나무
출판등록 • 2006년 7월 27일 제395-2006-000092호
주소 • 경기도 고양시 덕양구 은빛로 43 은하수빌딩 601호
전화 • 031)967-5596
팩스 • 031)967-5597
블로그 • blog.naver.com/kevinmanse
이메일 • kevinmanse@naver.com
페이스북 • www.facebook.com/galmaenamu

ISBN 978-89-93635-70-6/ 03320
값 13,000원

- 잘못된 책은 구입하신 서점에서 바꾸어드립니다.
- 본서의 반품 기한은 2021년 5월 31일까지입니다.

이 도서의 국립중앙도서관 출판예정도서목록(CIP)은 서지정보유통지원시스템 홈페이지
(http://seoji.nl.go.kr)와 국가자료공동목록시스템(http://www.nl.go.kr/kolisnet)에서
이용하실 수 있습니다.(CIP제어번호: CIP2016011126)